入門 食育実践集

授業の展開が 28 例

藤本勇二 編著

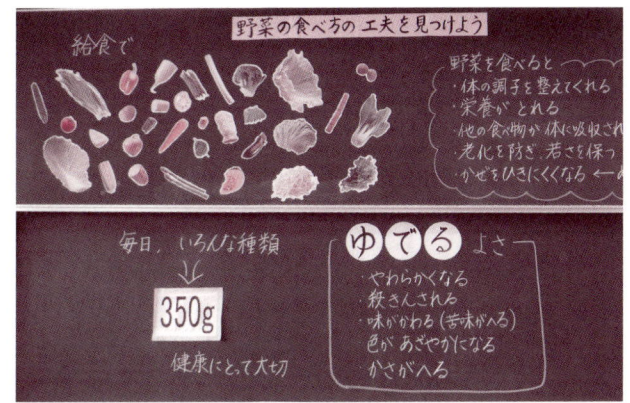

全国学校給食協会

はじめに

　「今後の学校における食育の在り方について　最終報告」（今後の学校における食育の在り方に関する有識者会議：平成25年12月，文部科学省）では，食育の指導方法と指導内容が以下のように指摘されています。

　【学校における食に関する指導方法と指導内容については，次期学習指導要領改訂も視野に入れながら，小中学校については，小学校1年から中学校3年までのどの学年でどの時間に何を学ぶのかについて，児童生徒の発達段階を踏まえた体系的な整理のための具体的な検討を行う必要がある。（中略）また，例えば効果的な指導事例として「ちょこっと食育」といった実践も行われている。これは，教科・領域の目標の実現を前提として，具体的な指導計画を作成する際に食育に関する内容や教材を位置付けることにより，あらゆる教科・領域で食育を実践しようとするものである。】

　つまり，食育を栄養や健康に限定しないで，栄養や健康を中心としながら多様な教科・領域等で実践する，これからの食育の方向が打ち出されたのです。そこで，平成28年に文科省より刊行された「小学生用食育教材『たのしい食事つながる食育』」を視野に入れて本書を作成しました。「小学生用食育教材『たのしい食事つながる食育』」では，食育カリキュラムを描きながら育むべき子ども像と，食に対する知識・理解や習得すべき技能を指導内容として配列してあります。本書でも，6つの例示目標をもとに事例を構成しました。併せて，授業を構想していく力量を培っていただけるよう紙面でも工夫を試みています。まず見開きで本時の目標や食育の視点，授業の内容等を示し，1枚の板書で何が指導されたかを目で見てわかるようにしました。授業づくりには，「指導案」からつくるタイプと，「板書の完成図」からつくるタイプの，2パターンあります。板書は具体的で流れがイメージしやすいので，板書をつくっていく過程を指導の過程になぞらせることができます。また，見開きの最後に付け加える「応用できます！」の項目も大事なポイントです。新しい授業をどうやってつくっていくか，1つの実践例から授業をつくっていく際の目の付け所を示しています。そして，授業をどう読み取ったかを記し，私のコメント「授業のヒント」で授業を見る目を育んでいただきたいと思います。

　食育実践の裾野を広げるためには，いろいろな教科・領域等での食育の可能性を示す必要があります。それが，食育の担い手を増やしていくことにつながります。本書をもとに，全国各地で地域に根差した食育実践が広がっていくことを願います。

藤本勇二

本書の見方

○ 吹き出しと写真

授業のPRポイントとして，こんな活動をもとにこんな学びが実現できる，ということを写真とともに示す。

○ 授業の流れ

基本の流れと，子どもの活動，意見や感想を記し，「○」で指導の手立てを示す。

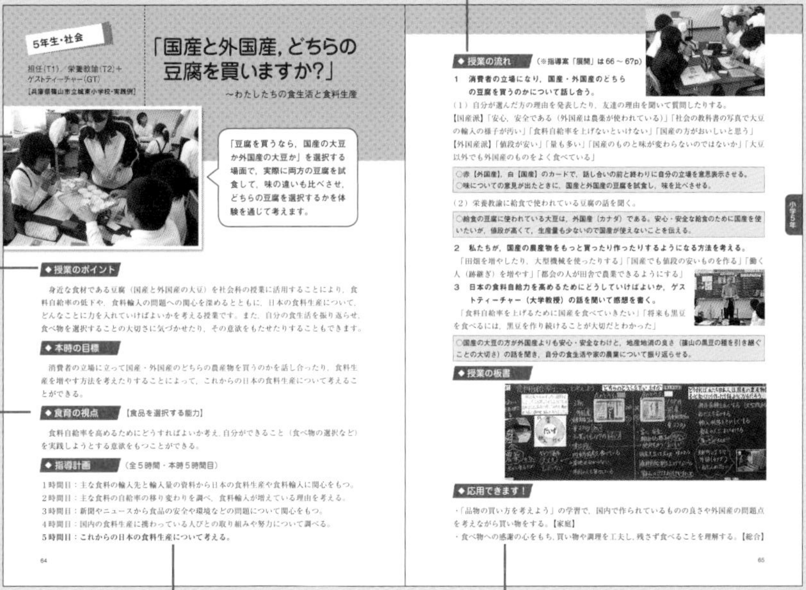

5年生・社会

担任（T1）／栄養教諭（T2）＋ゲストティーチャー（GT）
【兵庫県篠山市立城東小学校・実践例】

「国産と外国産，どちらの豆腐を買いますか？」
～わたしたちの食生活と食料生産

「豆腐を買うなら，国産の大豆か外国産の大豆か」を選択する場面で，実際に両方の豆腐を試食して，味の違いも比べさせ，どちらの豆腐を選択するかを体験を通じて考えます。

◆授業のポイント

身近な食材である豆腐（国産と外国産の大豆）を社会科の授業に活用することにより，食料自給率の低下や，食料輸入の問題への関心を深めるとともに，日本の食料生産について，どんなことに力を入れていけばよいかを考える授業です。また，自分の食生活を振り返らせ，食べ物を選択することの大切さに気づかせたり，その意欲をもたせたりすることもできます。

◆本時の目標

消費者の立場に立って国産・外国産のどちらの農産物を買うのかを話し合ったり，食料生産を増やす方法を考えたりすることによって，これからの日本の食料生産について考えることができる。

◆食育の視点　【食品を選択する能力】

食料自給率を高めるためにどうすればよいか考え，自分ができること（食べ物の選択など）を実践しようとする意欲をもつことができる。

◆指導計画　（全５時間・本時５時間目）

1時間目：主な食料の輸入先と輸入量の資料から日本の食料生産や食料輸入に関心をもつ。
2時間目：主な食料の自給率の移り変わりを調べ，食料輸入が増えている理由を考える。
3時間目：新聞やニュースから食品の安全や環境などの問題について関心をもつ。
4時間目：国内の食料生産に携わっている人びとの取り組みや努力について調べる。
5時間目：これからの日本の食料生産について考える。

64

◆授業の流れ　（※指導案「展開」は66～67p）

1　消費者の立場になり，国産・外国産のどちらの豆腐を買うのかについて話し合う。

（1）自分が選んだ方の理由を発表したり，友達の理由を聞いて質問したりする。
【国産派】「安心，安全である（外国産は農薬が使われている）」「社会の教科書の写真で大豆の輸入の様子が汚い」「食料自給率を上げないといけない」「国産の方がおいしいと思う」
【外国産派】「値段が安い」「量も多い」「国産のものと味が変わらないのではないか」「大豆以外でも外国産のものをよく食べている」

○赤【外国産】，白【国産】のカードで，話し合いの前と終わりに自分の立場を意思表示させる。
○味についての意見が出たときに，国産と外国産の豆腐を試食し，味を比べさせる。

（2）栄養教諭に給食で使われている豆腐の話を聞く。

○給食の豆腐に使われている大豆は，外国産（カナダ）である。安心・安全な給食のために国産を使いたいが，値段が高くて，生産量も少ないので国産が使えないことを伝える。

2　私たちが，国産の農産物をもっと買ったり作ったりするようになる方法を考える。

「田畑を増やしたり，大型機械を使ったりする」「国産でも値段の安いものを作る」「働く人（跡継ぎ）を増やす」「都会の人が田舎で農業できるようにする」

3　日本の食料自給力を高めるためにどうしていけばよいか，ゲストティーチャー（大学教授）の話を聞いて感想を書く。

「食料自給率を上げるために国産を食べていきたい」「将来も黒豆を食べるには，黒豆を作り続けることが大切だとわかった」

○国産の大豆の方が外国産よりも安心・安全なわけと，地産地消の良さ（篠山の黒豆の種を引き継ぐことの大切さ）の話を聞き，自分の食生活や家の農業について振り返らせる。

◆授業の板書

◆応用できます！

・「品物の買い方を考えよう」の学習で，国内で作られているものの良さや外国産の問題点を考えながら買い物をする。【家庭】
・食べ物への感謝の心をもち，買い物や調理を工夫し，残さず食べることを理解する。【総合】

65

小学5年

○ 授業のポイント

活動をうまくつくる手立て，目標を達成させる手立て，支援や働きかけ，声かけ，場の設定などを示す。

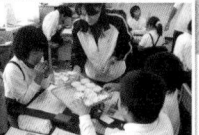

○ 食育の視点

文部科学省の６つの観点を示す。
①食事の重要性（食事の重要性，食事の喜び，楽しさを理解する）
②心身の健康（心身の成長や健康の保持増進の上で望ましい栄養や食事のとり方を理解し，自ら管理していく能力を身に付ける）
③食品を選択する能力（正しい知識・情報に基づいて，食物の品質及び安全性等について自ら判断できる能力を身に付ける）
④感謝の心（食物を大事にし，食物の生産等にかかわる人々へ感謝する心をもつ）
⑤社会性（食事のマナーや食事を通じた人間関係形成能力を身に付ける）
⑥食文化（各地域の産物，食文化や食にかかわる歴史等を理解し，尊重する心をもつ）

※「食育の視点」は学校ごとに設定できるため，本書では独自の項目を示している実践例もある。

○ 指導計画

単元等の指導計画。本時の指導項目は，太字で示す。

○ 応用できます！

同じような活動で他の学年や教科，給食時間等で，新しく授業をつくっていく際のヒントとなるように応用事例を示す。

そのほか

○ 本時の展開

各授業ごとに指導案より「本時の展開」を示す（野外学習や長期単元の授業の場合を除く）。

○ ワークシート

授業で使用したワークシート等がある場合，指導資料を示す。

○ 授業のヒント

各授業について，どういう点が食育実践として優れているのか，どのように子どもたちの学びを引き出しているのか等，これから実践する人に参考となる授業のヒントを示す。

はじめに	2
本書の見方	3
コラム"THE 子どもの生態"さくいん	6
「食育の視点」さくいん	7
特別付録・授業づくりから考える「指導案」	120

小学校

1年生

学級活動	かんしゃして食べよう	8
	授業のヒント［給食に関わる人の存在に気づく］	
学級活動	めざせ！おはしの金メダル	12
	授業のヒント［楽しく活動できる工夫］	
国語	ことばあそびうたをつくろう	16

2年生

学級活動	しっかり食べよう朝ごはん	20
	授業のヒント［「見える化」された多様な活動内容］	
学級活動	やさいのはたらき	24
	授業のヒント［「確かに学ぶ」食育が実現できる仕掛け］	
生活	なぜ，お魚がおさしみになるところを見せてくれたのかな？	28

3年生

学級活動	かむことのよさを知ろう	32
	授業のヒント［食生活につながる手立て］	
社会	地産地消って何だろう	36
	授業のヒント［学校給食を足場にする］	
社会	七輪やかまどで食事を作ろう	40
	授業のヒント［地域に合わせた体験活動］	

4年生

国語	食感を表す言葉	44
保健	丈夫な体を作るために	48
	授業のヒント［「自分事」にする活動を取り入れる］	
道徳	いのちをいただく	52
	授業のヒント［立体的に「命」にアプローチする］	
総合的な学習の時間	郷土の味を紹介し合い、〈兵庫県・宮城県〉の魅力を発見しよう！	56

5年生

国語	熟語『塩梅』から食文化をみつめて	60
	授業のヒント［漢字を通して食文化に関心を広げる］	
社会	国産と外国産、どちらの豆腐を買いますか？	64
算数	切り干し大根は生のダイコンの何％？	68
	授業のヒント［算数で食育を実現させるには］	
家庭	おいしく野菜を食べよう	72
	授業のヒント［食育実践における家庭科の役割］	
総合的な学習の時間	おにぎりコンテスト	76
	授業のヒント［協同的で、探求的な活動を導く］	

6年生

社会	世界・無形文化遺産『和食』	80
算数	砂糖の量の多い順に清涼飲料水を並べ替えよう	84
	授業のヒント［学んだことを生かす、確かにわかる指導］	
理科	だ液のはたらきを考えよう	88
	授業のヒント［科学的な見方・考え方ができる「理科」］	
体育	ぼく、わたしの健康三原則	92
	授業のヒント［意欲を引き出し、日常化につなげる］	
外国語活動	あなたの朝食と違いますか？	96
	授業のヒント［外国語活動での食育の姿とは］	
総合的な学習の時間	門出のおせちを作ろう	100
	授業のヒント［豊かな体験を通じて学ぶ「ごちそう」観］	

中学校

1年生	社会	世界人口の60%が集中するアジア州 …………104
		授業のヒント［中学校における食育実践］

2年生	学級活動 総合的な 学習の時間	お弁当作り …………………………………108

3年生	理科	生物の食べる・食べられる関係を調べよう …………112
		授業のヒント［食物連鎖を通して命のつながりを理解する］

特別支援学級

	自立活動	旬を味わおう ………………………………116
		授業のヒント［一人ひとりの活動を支える教師の姿勢］

コラム"THE 子どもの生態"さくいん

熟語を使って説明したつもりにならないように ………… 11
どうだっていい，の態度に触れた時 ………………… 15
食に楽しく向かう姿を見せよう ……………………… 39
ワクワクする名前で引きつける！ …………………… 43
自覚的に反省することで次につながる ……………… 51
ワクワクするような問いかけをしよう ………………… 55
一瞬止まるように視線を送ろう ……………………… 63
繰り返すことの安心感 ………………………………… 71
「一時一事の原則」 …………………………………… 87
体調の変化は実験にも現れる ………………………… 91
子どもを引きつける導入方法とは …………………… 99
30秒以上の説明は聞いてもらえない ……………… 103
子どもとの関係を築く4つの基本 …………………… 119

「食育の視点」さくいん

※ここでは文部科学省の6つの観点に振り分けているが，本文中には学校独自の項目を示した実践例もある。

●食事の重要性
小6	体育	ぼく，わたしの健康三原則	92
特別支援	自活	旬を味わおう	116

●心身の健康
小2	学活	しっかり食べよう朝ごはん	20
小2	学活	やさいのはたらき	24
小3	学活	かむことのよさを知ろう	32
小4	保健	丈夫な体を作るために	48
小5	家庭	おいしく野菜を食べよう	72
小6	算数	砂糖の量の多い順に清涼飲料水を並べ替えよう	84
小6	理科	だ液のはたらきを考えよう	88
中2	学活／総合	お弁当作り	108

●食品を選択する能力
小1	国語	ことばあそびうたをつくろう	16
小3	社会	地産地消って何だろう	36
小5	社会	国産と外国産，どちらの豆腐を買いますか？	64

●感謝の心
小1	学活	かんしゃして食べよう	8
小2	生活	なぜ，お魚がおさしみになるところを見せてくれたのかな？	28
小4	道徳	いのちをいただく	52
小6	総合	門出のおせちを作ろう	100
中3	理科	生物の食べる・食べられる関係を調べよう	112

●社会性
小1	学活	めざせ！おはしの金メダル	12
小3	社会	七輪やかまどで食事を作ろう	40
小5	総合	おにぎりコンテスト	76
小6	総合	門出のおせちを作ろう	100
中2	学活／総合	お弁当作り	108

●食文化
小3	社会	七輪やかまどで食事を作ろう	40
小4	国語	食感を表す言葉	44
小4	道徳	いのちをいただく	52
小4	総合	郷土の味を紹介し合い，〈兵庫県・宮城県〉の魅力を発見しよう！	56
小5	国語	熟語『塩梅』から食文化をみつめて	60
小5	算数	切り干し大根は生のダイコンの何％？	68
小6	社会	世界・無形文化遺産『和食』	80
小6	外国語	あなたの朝食と違いますか？	96
小6	総合	門出のおせちを作ろう	100
中1	社会	世界人口の60％が集中するアジア州	104

1年生・学級活動

担任（T1）

[兵庫県洲本市立洲本第一小学校・実践例]

「かんしゃして食べよう」
～食とわたしたちのくらし

「給食を作っているのは，給食センターの人だけでしょうか？」，そう問いかけることで，子どもたちが，お米や野菜，牛乳を作っている人たちの存在に気づいていきます。

◆ 授業のポイント

　毎日食べている給食は，たくさんの人たちの協力があってできています。給食を作っている人たちだけでなく，食材を作っている人たちや運搬に関わっている人たちなど，給食に関わっているたくさんの人たちの存在を知ることを通して，感謝して食べることの実現を目指します。

◆ 本時の目標

　自分たちが食べている給食には，多くの人びとが関わっていることに気づき，感謝して食べようとする気持ちをもつ。

◆ 食育の視点　【感謝の心】

　食べ物の生産や調理などに関わる人びとへ感謝する心をもつ。

◆ 指導計画　（全1時間）

　自分たちが食べている給食には，多くの人びとが関わっていることに気づき，感謝して食べようとする気持ちをもつ。

◆ 授業の流れ　（※指導案「展開」は10p）

1　給食がみんなの所に届くまでにどのような仕事をしている人がいるのか考える。
（1）給食を作っている人を考える。
　　「給食センターの人」

（2）ご飯，野菜，パン，魚，牛乳は誰が作っているか考える。
「淡路島牧場の人」「お米を作ってくれているおじさん」「漁師さん」
（3）給食は誰が運んできてくれるか考える。
「トラックの運転手さん」

○給食にはたくさんの人が関わってくれていることに目を向けさせる。

2　給食を作っている人の願いを考える。
「うれしい気持ち」「残食なしで食べてほしい」「おいしく食べてほしい」「みんなが元気になるように作っている」「いっぱい食べてほしい」「みんなが給食を食べてくれるとうれしい」
【配達員さんの気持ちを考える】
「給食を待っているから早く届けたい」「みんなにいっぱい食べてほしい」

3　給食に関わる人の思いを知る。

○給食センターの調理員さん，配達員さん，野菜農家の方，淡路島牧場の方に行ったインタビューを撮影してきた動画を使い，給食に関わる人の思いに触れさせる。

【授業後の児童の感想より】
「給食を作っているのは，給食センターの人だけではないことを知りました」
「野菜を作っているおじさんが苦労して作ってくれているから，残さずに食べます」
「牛乳を作っているおじさんは，毎日休みなしで働いていることがすごいと思いました」
「レタスを作っているおじさんは，僕たちのために毎日畑を見に行ってくれていたんだね」

◆ 授業の板書

◆ 応用できます！

・料理の向こう側にはたくさんの人の思いが詰まっていることを知り，感謝する気持ちをもたせることができる。【道徳】
・「わたしたちの食生活と食料生産」の学習で，人びとがどんな願いをもって仕事をしているかを知ることができる。【5年生・社会】

◆ 本時の展開　（学習指導案より）

学習活動と内容	指導上の留意点　☆評価	準備物
1．給食がみんなの所に届くまでにどのような仕事をしている人がいるのか考える。 　・給食センターの人 　・野菜を作っている人 　・配達してくれる人	・給食の写真を見せ、自由に意見を出し合い、楽しい雰囲気をつくる。 ・給食は誰が作ったのかを考えさせる。 ・黒板に挿絵を貼っていき、どのような人が関わっているのかまとめる。	掲示用写真・挿絵
給食を作っている人びとの願いを知ろう		
2．給食に関わっている人びとの願いを考える。 　・おいしい給食を作りたい。 　・野菜を食べてほしい。 　・時間に間に合うように届けよう。	・ペア学習を取り入れ、活発な意見が出るようにする。 ・見学や体験したことを思い出して、意見が出るようにアドバイスする。 ☆給食に関わっている人びとの願いや思いを考えられたか。	掲示用吹き出し
3．インタビューの映像を見る。	・インタビューを映像で見せ、願いや苦労を実感させる。 ・自分たちの考えと比べさせる。 ・生産者の人がみんなのために一生懸命に作っていることを伝える。	大型テレビ ビデオカメラ
4．思ったことをワークシートに書き、発表する。 　・一生懸命に作ってくれている。 　・自分たちのために作ってくれている。 　・いろんな苦労がある。 　・工夫や努力をしないと食べ物はできない。	・数人に発表をさせ、考えにくい児童への手がかりとしたい。 ・思ったことを素直に書かせる。 ・給食に関わっている人への感謝の気持ちを引き出すようにする。 ☆給食に関わっている人びとの願いに気づけたか。 ☆給食に関わっている人びとへの感謝の言葉とともに、食べ物を残さずに食べようとする気持ちが書けたか。 ・ワークシートに書いた内容を発表させる。	ワークシート
5．学習したことをもとにがんばることを発表する。		

授業のヒント

給食に関わる人の存在に気づく

　毎日食べている給食は、多くの人たちの手を通してできています。「給食を作っているのは、給食センターの人だけか」、こうした問いかけをすることで、子どもたちが普段、気づいていなかったことに目を向けさせることができます。

　給食は、誰かが働くことでできていることに気づいた子どもたちは、給食に関わる人の存在やその人たちの思いに目を向けるようになります。本事例には、「食べ物の向こうにある見えないモノやコトを見えるようにしていく」という食育の重要な指導の過程が確認できます。

　給食に関わる人の存在に気づかせることで感謝の気持ちが生まれます。感謝しなさいと言うのではなく、給食を作っている人、食材を作っている人たちや運搬に関わっている人たちなどに具体的に出会わせることが重要となります。さらに、給食に関わっている人たちの思いや願いを知ることを通して、感謝して食べることは実現されます。給食センターの調理員さん、配達員さん、野菜農家の方、淡路島牧場の方に実際にインタビューを行い、撮影してきた実践者の意欲的な取り組みの姿勢にも多くのことを学べます。

THE 子どもの生態

熟語を使って説明したつもりにならないように

　授業の始めに、「今日は"伝統食"の良さについて学びましょう」などと熟語を使い、その時間の内容を先にまとめている人がいます。子どもはまだ学んでいないので伝統食の内容はわかりません。伝統食に関わる活動をしたり、話し合ったりする中で伝統食の内容が見えてくるのです。それを受けて、授業の終盤で「これを伝統食と言います」と初めて内容を熟語で説明するようにしたいものです。

　「健康」「地産地消」など熟語で言っておしまいにするのでなく、その中身をつかんでいく過程を大切にして、結果として熟語に結び付くような指導の課程を目指しましょう。熟語で言って説明したつもりにならないことが大切です。

小学1年

「めざせ！おはしの金メダル」

担任(T1)

[兵庫県芦屋市立精道小学校・実践例]

楽しみながら，お箸の正しいマナーを学習します。教室に豆つまみコーナーを常設し，子どもたちが「豆つまみ大会」に向けて，休み時間にも自由に練習できるように場を設定しておくことが大切です。

◆ 授業のポイント

　お箸の持ち方，使い方を知ることは，食事のマナーの大切さを学び，楽しく食事をすることにつながります。毎日の食事で繰り返しトレーニングすることができ，家庭と連携を図りやすいこともお箸の魅力です。

◆ 本時の目標

　自分の食事の仕方を振り返り，正しくお箸を使おうという意欲をもつことができる。

◆ 食育の視点　【食の楽しみ／生活リズム・共食】

　お箸の使い方，食事のマナーを身につけ，食事のマナーを守ることが楽しい食事につながることを知る。

◆ 指導計画　（全2時間・本時1時間目）

1時間目：お箸の正しい持ち方，お箸のマナーについて知り，お箸の正しい使い方を練習する意欲をもつ。
2時間目：お箸の使い方を練習する目標にしていた「豆つまみ大会」を行う。お箸を機能的に使えるようになった成果を発表する場と，今後も食事のマナーについて意識する意欲をもつ。

◆ 授業の流れ

1　お箸の使い方の紙芝居（絵本『やってきたオハシマン』コンセル）を見る。

（1）自分の持ち方を振り返る。
（2）正しい持ち方を知る。
（3）お箸のマナーを知る。
2　正しいお箸の持ち方を確認する。

○正しい持ち方を実践させる。
○動くのは上の箸，下の箸は動かないことがポイントであることを伝える。

・上の箸を持つ　・下の箸を持つ　・2本の箸先を合わせる
3　正しい持ち方で，つまむ練習をする。

○ワークシートに記入することで，意欲を高める。

（1）簡単につまめるスポンジを隣の皿に運ぶ。
（2）大豆など丸い物でトライしてみる。
4　後日，「豆つまみ大会」をすることを知らせる。

○教室にお箸の練習コーナーを設けることを知らせることで，お箸の使い方の練習をする意欲を継続させるようにする。
○家庭でも練習するように声をかける。

5　今日の振り返りをする。

○正しいお箸の持ち方をして感じたことや，難しかったことを振り返らせる。
○給食や家庭での食事でも，正しいお箸の使い方をしようと声かけし，意欲付けをする。

◆ 授業の板書

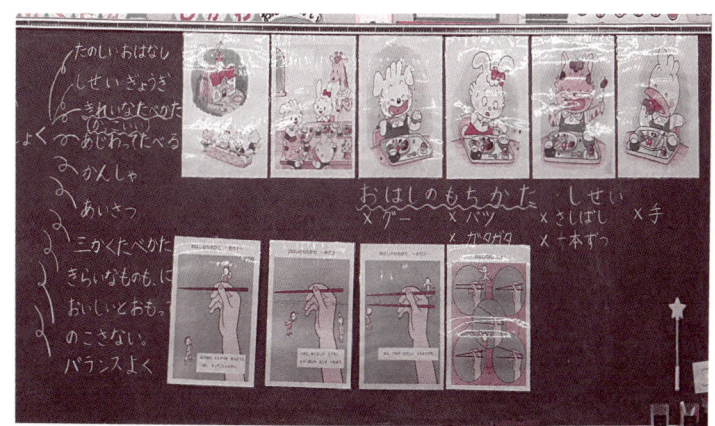

◆ 応用できます！

・ひよこ豆やいんげん豆，算数セットなどさまざまな物をつまんで練習する。【学活】
・お箸の持ち方や，やってはいけないお箸の使い方を知る。【学活】

◆ 授業で使用したワークシート

めざせ!! おはしの金メダル

なまえ _____

	★できること	
きんメダル	おまめをつまむことができる	
ぎんメダル	スポンジをつまむことができる	
どうメダル	はしさきをあわせることができる	
4い	上のおはしだけが、うごく	
5い	ただしいおはしのもちかたができる	
6い	ただしくえんぴつをもてる	

これから、がんばりたいこと

授業のヒント

楽しく活動できる工夫

　正しいマナーを身につけることは、「食育の教科書」の中でも指導目標の1つに挙げられています。正しいマナーを身につけ、それがみんなで気持ちよく食べることにつながる「共食」の基礎となる指導です。

　ただ、マナーの指導は、
「○○しなければいけません」
「△△が正しいやり方です」
と、どうしても窮屈になりがちです。もちろん、それはそれで大切な指導ですが、楽しんで活動することができれば、それが理想です。

　本事例には、楽しく頑張ることができる指導のヒントがたくさんあります。まず、「おはしの金メダル」というネーミングにひかれます。子どもたちにとって、学習のタイトルは、その気にさせる重要な要素です。

　また、スポンジや大豆などで行う箸使いの練習も有効です。ワークシートも子どもたちの活動を励ましてくれます。

　箸の指導は、家庭と連携しながら食育を進めていく、つまり学校での食育を家庭につなげる手がかりとなることが本事例からもわかります。

THE 子どもの生態
どうだっていい、の態度に触れた時

　和食の食器の配膳位置を先生が説明している時、小学5年生の男の子が、「どうだってい－じゃん、そんなの」とつぶやきました。こういう場合、先生はどのように対処したらいいのでしょうか。

　食事のマナーなど当然のように教えてしまいますが、"当たり前"ではないのです。マナーの大切さや伝統的な和食スタイルの意味は、繰り返し指導する必要があります。ただ、忘れてはいけないのが、「どうだっていい」と思う対象は食事のマナーだけでなく、人との付き合いにおけるマナーについても、そう思っているのではないかと考えることです。ですからすぐに正せないし、正さない、でも諦めずに繰り返し指導する。その必要性がそこにあるのです。

1年生・国語

担任(T1)

[兵庫県加古川市立東神吉小学校・実践例]

「ことばあそびうたをつくろう」

～ことばあそびをしよう

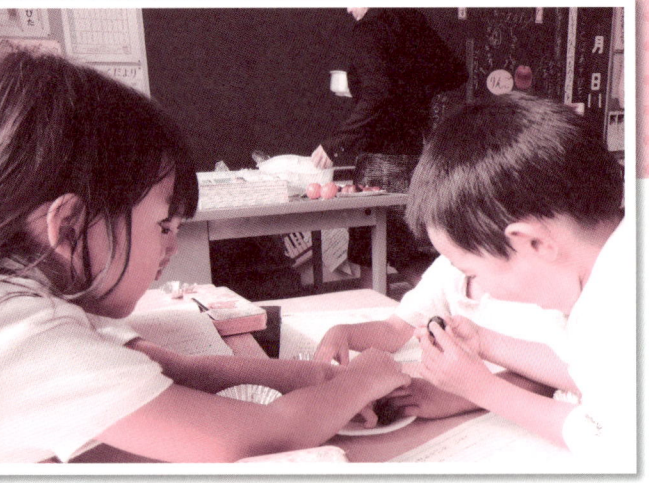

食べ物を食べたときの音や様子を，擬声語・擬態語で表現します。体験を通して言葉を吟味し，言葉の面白さに気づくことができます。

◆ 授業のポイント

　身近な題材である，食べ物を使った「ことばあそびうた」で，食べたときの音や食感，食べ物の様子などを表す擬声語や擬態語に親しみます。実際にりんごを食べたり，ぶどうを触ったりする活動を取り入れることで，よりふさわしい言葉を吟味し，言語感覚を磨くことができます。

◆ 本時の目標

　擬声語・擬態語の面白さを知り，それらを入れて「たべものうた」を作ることができる。

◆ 食育の視点　【食品を選択する能力】

　食べ物の様子を表す擬声語・擬態語を考えることにより，さまざまな食べ物の食感や味に興味をもつことができる。

◆ 指導計画　（全7時間・本時3時間目）

1時間目：知っている言葉遊びを出し合い，学習の見通しをもつ。
2時間目：教材を読む。
3時間目：擬声語や擬態語を取り入れて「たべものうた」を作る。
4時間目：折句の決まりを知り，身近な物の名前を使って「なぞなぞ」を作る。
5時間目：回文の仕組みを理解し，回文を集めたり作ったりする。
6時間目：自分で言葉を考え，「ことばあそびうた」を作る。
7時間目：友達と作品を読み合い，感想を伝え合う。

◆ 授業の流れ　（※指導案「展開」は18p）

1　教材「たべもの」を音読し，りんごを食べる音を表す言葉（擬声語）を考える。

○実際にりんごを試食し，りんごを食べたときの音に，よりぴったりな擬声語を見つけさせる。

「『しゃりしゃり』だと思う」「『しゃきしゃき』だと思う」

2　食べ物の様子を表す言葉（擬態語）を見つける。

（1）前面を隠したブラックボックスに入った食材（ぶどう）を触り，その様子を表す擬態語を考える。

「まるいのがいっぱいあった」「つぶつぶ」「つるつる」

○言葉とイメージをつなげるために挙がった擬態語から，ブラックボックスに入っている食材の様子を想像させた後，箱の中のぶどうを提示する。

（2）グループに配られたぶどうを触り，よりぴったりな擬態語を考える。

「ぷにゅぷにゅ」「ぷにぷに」「ぽよんぽよん」

3　自分で「たべものうた」を作る。

○食材や料理の写真を用意しておき，その食べ物にぴったりな擬声語や擬態語を考えさせ，ワークシートに書かせる。

4　考えた「たべものうた」を読む。

（1）自分が考えた「たべものうた」を読み，おいしそうな「たべものうた」になったか振り返る。

（2）友達が考えた「たべものうた」を聞き，新たな表現を知る。

◆ 授業の板書

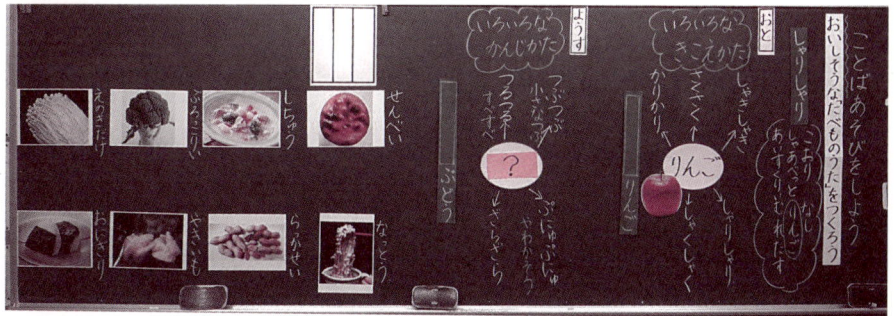

◆ 応用できます！

・「やおやのおみせ」の学習で，さまざまな食べ物を歌詞に盛り込みながら歌う。

【2年生・音楽】

・食べ物の食感や様子を表す言葉を使った，なぞなぞを作る。【国語】

◆ 本時の展開　（学習指導案より）

学 習 活 動	指導上の留意点	評価基準・評価方法
1．前時の学習を振り返り、本時の課題を確認する。 　　　おいしそうな「たべものうた」をつくろう 2．「たべもの」を音読し、りんごを食べる音を表す言葉（擬声語）を考える。 　　しゃりしゃり　　○○○ 　　かりかり　　　さくさく 　　　　　　りんご 　　しゃりしゃり　しゃくしゃく 3．食べ物の様子を表す言葉（擬態語）を見つける。 　はこのなかみは、どんなかんじ？ことばであらわそう。 　・つぶつぶ　　・ぶつぶつ 　・つるつる　　・ぷにゅぷにゅ 　・ふさふさ 4．自分で「たべものうた」を作る。 　　擬声語　　食材 　　ぽりぽり　きゅうり 　　擬態語　　料理 　　つるつる　うどん 5．次時は「なぞなぞ」を作ることを知る。	・声の大きさや速さ、口の開け方に気をつけて音読させる。 ・「たべもの」の中の擬声語・擬態語を拾い、思い出させる。 ・「しゃりしゃり」という言葉を提示し、この言葉を聞いて思いつく食べ物を考えさせることで、擬声語に注目させる。 ・実際にみんなでりんごを試食し、りんごを食べたときの音によりぴったりな擬声語を考えさせる。 ・一つの答えに絞るのではなく、自分が感じた音に近い言葉になるように声をかけ、同じ食べ物を食べても人によって感じ方が異なることに気づかせる。 ・前面を隠したブラックボックスに入った食材を触らせ、その様子を表す擬態語を考えさせる。 ・本時は、旬の物、調理しなくても食べられる物という条件からぶどうを準備する。 ・希望者の子どもに、違った擬態語で表現させる。 ・言葉とイメージをつなげるために挙がった擬態語からブラックボックスに入っている食材の様子を想像させ、箱の中のぶどうを提示する。 ・みんなが触れられるようにグループにもぶどうを配り、ぴったりな擬態語を理由付けするときの手助けとさせる。 ・グループで相談し、より豊かに表現した擬態語が見つけられるように助言する。 ・10種類の食材や料理カードを掲示し、その食材にぴったりな擬声語や擬態語を考えさせ、ワークシートに書かせる。 ・子どもたちにあまりなじみのない食材カードも入れておき、さまざまな食べ物への興味付けをさせる。 ・最初に擬声語（擬態語）を書き、次に食材（料理）の順になるように指導する。 ・考えた言葉遊びうたを発表させ、おいしそうなたべものうたになったかどうか振り返らせる。 ・第3次で「たべものうた」を作るために、食事をするときにも擬声語や擬態語を見つけられるように声かけをする。	【食育の観点】 食事の重要性 【評価基準】 A：十分満足できる ・擬声語、擬態語のおもしろさを知り、それらを入れて自分らしい表現で「たべものうた」を作っている。 B：概ね満足できる ・擬声語、擬態語を知り、それらを入れて、「たべものうた」を作っている。 C：児童への支援 ・食材を限定し、その食材を食べたり触ったりしたときの様子に気づかせる。 【評価方法】 発表 ワークシート

◆ 授業で使用したワークシート

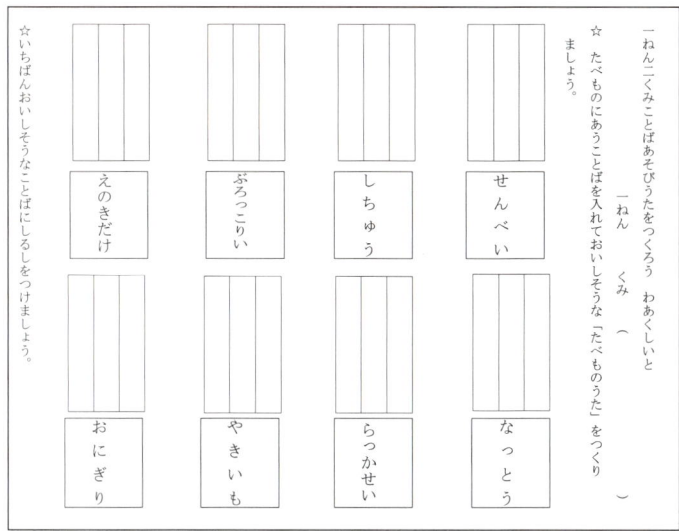

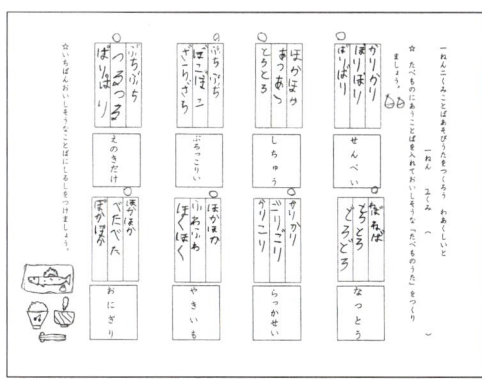

▶▼ 児童の作った「たべものうた」

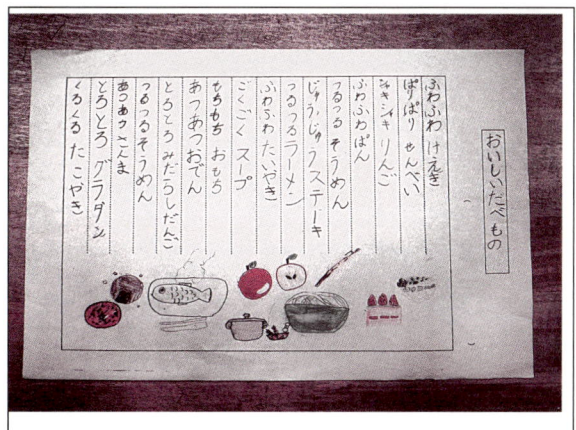

2年生・学級活動

担任(T1)／養護教諭(T2)

[兵庫県篠山市立城東小学校・実践例]

「しっかり食べよう朝ごはん」

自分が食べてみたい「栄養たっぷりの朝ごはんのメニュー」を考えることで，バランスのとれた朝ごはんを食べようとする意欲をもつことができます。

◆ 授業のポイント

　自分が食べてみたい「栄養たっぷりの朝ごはんのメニュー」を一人ひとりに考えさせたり，朝ごはんの働きについて，教師のペープサート劇を通して楽しく学ばせます。また，自分が考えた朝ごはんのメニューを家の人と一緒に作って食べることで，家庭での朝ごはんのメニューを見直させる機会となります。

◆ 本時の目標

・朝ごはんを食べると，給食の時間まで勉強に集中したり，元気に活動できたりするなど，朝ごはんの働きがわかる。【判断力】
・栄養たっぷりの朝ごはんを食べようとする意欲をもつことができる。【実践力】

◆ 食育の視点　　【心身の健康】

　朝ごはんを食べることの大切さや望ましい朝ごはんについて理解することができる。

◆ 授業の流れ　　（※指導案「展開」は22p）

1　朝ごはんでよく食べるものを発表する。
　・ごはん　・パン　・みそ汁　・卵焼き　など
2　発表したメニューを赤・黄・緑の3色の働き別に分ける。

3　今日の自分の朝ごはんに，赤・黄・緑の食べ物が入っていたか振り返る。
　「ぼくは，食パンしか食べていないので，黄色の栄養だけです」
　「私は，ごはんとみそ汁と卵焼きを食べました。だから赤色と黄色の２色です」

○自分の朝ごはんを振り返り，栄養たっぷりの朝ごはんのメニュー作りにつなげる。

4　「栄養たっぷりの朝ごはんのメニュー」を考え，それを発表する。
【和食の例】
ごはん，みそ汁，納豆，野菜サラダ，りんご
　「ごはんを食べるとおなかがいっぱいになります。みそ汁や納豆はごはんに合うので選びました」
【洋食の例】
食パン，ハムエッグ，野菜サラダ，牛乳，みかん
　「ハムエッグはパンに挟んで食べることもできます。サラダが好きなので朝も食べたい」

○一人ひとりに，トレーとメニューカードを配布し，メニューを考えさせる。
○３色のメニュー＋果物または飲み物＋あと１品の合計５品を選ばせる。
○和食と洋食のメニューを１つずつ紹介する。

5　ペープサート劇を見て，朝ごはんの働きを知る。
　・頭がすっきりして，勉強に集中できる。
　・体温が上がって，元気に運動したり遊んだりできる。

○ごはんやパンを食べると，でんぷんがブドウ糖に変わって，脳の働きを助けることを伝える。

6　自分が考えた朝ごはんのメニューを，家の人と一緒に作って食べることを頑張るように伝える。

◆ 授業の板書

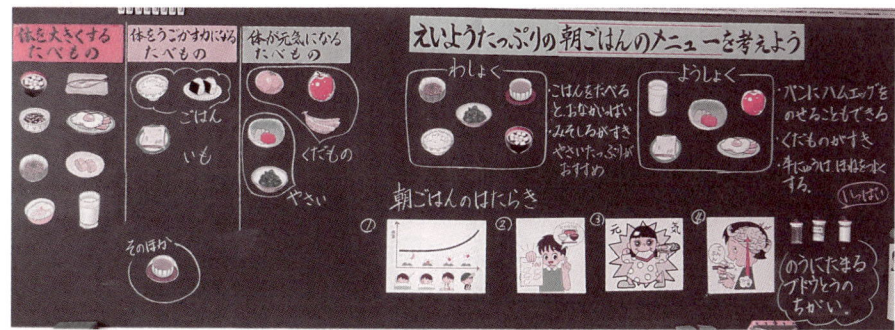

◆ 応用できます！

・育てた野菜で夏野菜カレーを作る。【生活】
・食品を組み合わせて，栄養バランスの良い朝食を作る。【家庭】

21

◆ 本時の展開　（学習指導案より）

学習活動	・教師の手だて　　○評価
1　学習内容「しっかり食べよう朝ごはん」を知る。	・「朝ごはん」について学習することを伝え学習内容に興味関心をもたせる。
2　朝ごはんでよく食べるものを発表する。	・児童が発表した朝ごはんの料理カードを黒板に貼っていく。
3　発表した朝ごはんのメニューを赤黄緑に分ける。	・赤黄緑それぞれの栄養のはたらきを説明してから、メニューを3色に分けていく。

○赤（体を大きくする食べ物）タンパク質・無機質（鉄・カルシウム）
　・ハムエッグ・卵焼き・焼き魚・納豆・みそ汁・ひじき・コーンスープ・ヨーグルト・牛乳
○黄（体を動かす力になる食べ物）炭水化物・脂質
　・ごはん　・食パン　・おにぎり　・大学芋
○緑（体が元気になる食べ物）ビタミン
　・ほうれん草　・野菜サラダ　・みかん　・りんご　・バナナ

4　今日の朝食に赤黄緑が入っていたか振り返る。 　・3色がバランス良く入っている 　・色にかたよりがある	・自分の朝ごはんを振り返らせ、バランスのとれたメニュー作りへとつなげていく。

　　　　えいようたっぷりの朝ごはんのメニューを考えよう

5　朝ごはんのメニューを考えて、発表する。 　・ごはん、卵焼き、納豆、みそ汁、りんご(和食風) 　・食パン、ハムエッグ、野菜サラダ、牛乳、みかん 　　　　　　　　　　　　　　　　　　（洋食）	・料理カードとトレーを全員に渡していく。 ・自分が考えたメニューと同じものを家で実際に作って食べるようにさせる。
6　「朝ねぼうのけんたくん」のペープサートを見て、朝ごはんのはたらきを知る。 　①頭がすっきりして勉強ができる 　②元気に運動ができる 　③うんちが出る 　④体温が上がる	・担任と養護教諭が協力してペープサートを行い、児童が楽しく朝ごはんの3つのはたらきについて学ぶことができるようする。 ○朝ごはんのはたらきがわかったか。
7　今日の学習でやってみようと思うことを書く。	・板書で今日の学習を振り返らせる。 ○朝ごはんを進んで食べようとする意欲をもつことができたか。

◆ 授業で使用したワークシート

授業のヒント

「見える化」された多様な活動内容

　朝ごはんの大切さを理解し、朝ごはんを食べる気持ちを育てる指導を「見える化」を通じて実現している事例です。「見える化」による朝ごはんの大切さの共有が、随所に盛り込まれた優れた指導となっています。

　料理カードを黒板に貼る、朝ごはんのメニューを赤黄緑に分ける、トレイと料理カードを使って朝ごはんのメニューを考える、ペープサート劇を見る。こうした多様な方法を用いて、子どもたちの心に朝ごはんの大切さを届けるように努力しています。

　今日の自分の朝ごはんのメニューを食品の働きの視点で整理・分析する作業を取り入れることで、食事内容について自分の足りない部分を補う、という形で考えることができる、意味ある活動ともなっています。

　また、料理カードとトレーを使ってメニューを考えるワークショップも、朝ごはんを食べようとする意欲を高める働きをしています。

　朝食をテーマにした学級担任と養護教諭のＴＴによる指導として、大いにヒントとなります。

「やさいのはたらき」

担任(T1)／栄養教諭(T2)

[兵庫県篠山市立城東小学校・実践例]

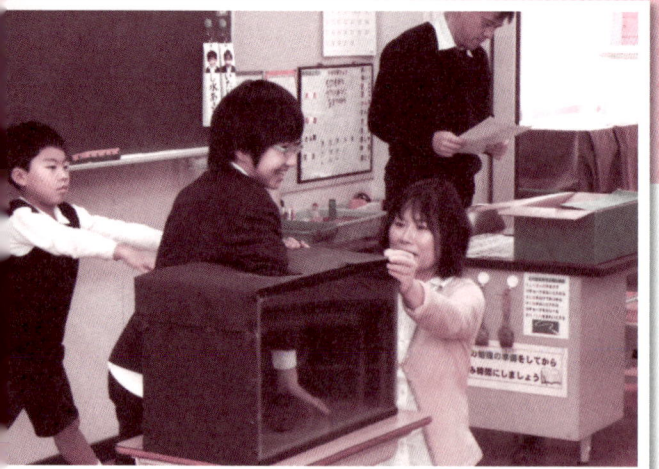

箱の中に入っている野菜を手で触って当てるゲームをすることで，問いをもたせ，この授業の主役となる野菜への関心を高めます。

◆ 授業のポイント

　野菜の働きについて学んだ後に，「自分が飲んでみたいみそ汁」の具材を選んだり，実際に「野菜たっぷりのみそ汁」を味わったりすることで，みそ汁などの料理で野菜をもっと食べようとする意欲をもたせることができます。みそ汁に使うみそや具材を地場産物にすることで，地産地消の良さ（おいしさ）にも気づかせることができます。

◆ 本時の目標

　野菜の働きについて知り，野菜を進んで食べようとする意欲をもつことができる。【実践力】

◆ 食育の視点　　【心身の健康】

　野菜の働きについて知り，野菜を進んで食べようとする意欲をもつことができる。

◆ 授業の流れ　　（※指導案「展開」は26p）

1　知っている野菜を発表する。
　「トマト」「ピーマン」「なす」「かぼちゃ」「ほうれんそう」
2　箱に入っている野菜を手で触って当てるゲームをする。
　「白菜」「にんじん」「たまねぎ」「大根」「山のいも」

○クラスを5つのグループに分けて，全員がゲームに参加できるようにする。
○ゲームには，今が旬（2月）の5つの具材を使う。後で食べるみそ汁の具材でもある。

3　5つの野菜（白菜・にんじん・たまねぎ・大根・山のいも）の働きについて知る。

4　たくさんの野菜を一度においしく食べられる料理を発表する。
　「みそ汁」「鍋」「野菜炒め」「カレーライス」など

○先生のおすすめは，手軽に作れて毎日食べることができる，「みそ汁」であることを伝える。

5　自分が飲んでみたい「野菜たっぷりのみそ汁」の具を考えて発表する。
　「私は，白菜，にんじん，たまねぎ，ねぎを入れたみそ汁を飲みたいです。かぜをひかないようにしたいし，血もさらさらになってほしいからです」

○野菜の働きや味を考えて，みそ汁に入れる具を選ぶように助言する。

6　「野菜たっぷりのみそ汁」を味わう。
　「黒豆みそのみそ汁おいしいなあ」「野菜がとってもあまいよ」
　「手作りこんにゃく，ぷりぷりして歯ごたえがいいな」

○具材に地場産物を使い，地産地消の良さに目を向けさせる。生産者を写真で紹介し，食で地域の人とつながっていることにも気づかせる。
○給食のみそ汁に使っているみその話を栄養教諭から聞く。

7　エプロンシアター「やさい大好き，たっくん」を見る。

○エプロンシアターを通して，にんじん（おいしい），たまねぎ（あまい），生たまねぎ（からい）など，野菜の味にも着目させる。

8　授業の感想を書いて発表する。
　「野菜を食べると体にいいんだなと思いました。温かいおみそ汁はおいしいから，毎日飲みたいです」「おみそ汁がおいしかったです。野菜のみそ汁は栄養満点ということがわかりました。大人になったら一人で作ってみたいです」

◆ 授業の板書

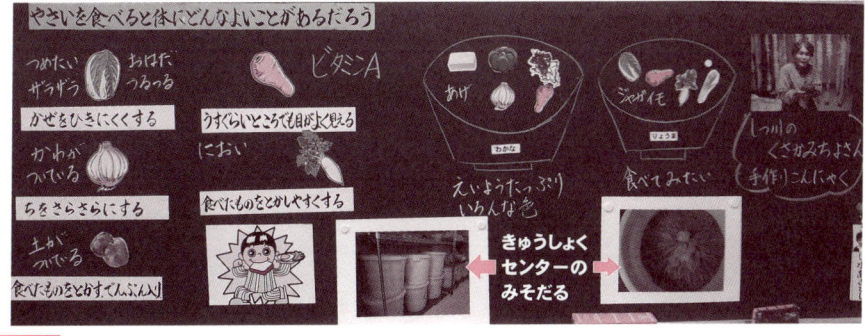

◆ 応用できます！

・「やさいづくりにチャレンジ」の学習で，自分たちで育てた夏野菜や冬野菜を料理して，おいしくいただく。【生活】
・野菜の栽培や観察を通して，季節の食べ物に対する関心を高める。【生活】

◆ 本時の展開　（学習指導案より）

児童の活動	・指導上の留意点　○評価	準備物
1　知っている野菜を発表する。 2　手触りで野菜を当てる。 　・はくさい　・にんじん　・たまねぎ 　・だいこん　・山のいも	・その野菜が好きかをたずねる。 ・野菜によって形や手触りがちがうことを楽しみながら体験する。	箱 野菜5種類 野菜の絵
<center>やさいを食べると、体にどんなよいことがあるだろう</center>		
3　野菜を食べると体にどんな良いことがあるかを考える。 ・はくさい（かぜをひきにくくする） ・にんじん 　（うすぐらいところでも目がよく見える） ・たまねぎ（ちをさらさらにする） ・だいこん 　（食べたものをとかすのをたすける） ・山のいも 　（食べたものをとかすのをたすける）	・5種類の野菜の働きを書いたカードを見て、どの野菜があてはまるか考えさせる。 ・野菜の働きに関係する話をする。 　（おもちと大根おろしの食べ方） 　（にんじんのビタミンA） ・野菜の働きをワークシートにまとめる。 ○野菜の働きを理解することができたか。	ワークシート 野菜の働きカード
4　自分が食べてみたい「野菜たっぷりのみそ汁」の具を考えて、ワークシートに書く。	・多種類の野菜を一度においしく食べる食べ方の1つに、みそ汁があることに気づかせる。 ・野菜の働きや味を考えて、みそ汁に入れる具を選ぶように助言する。	
5　「野菜たっぷりのみそ汁」を味わう。	・野菜の働きを振り返りながら、みそ汁をおいしくいただく。 ・児童の家で作っている黒豆みそを使い、味が受け継がれることを伝える。	みそ汁
6　エプロンシアターを見る。 ・にんじん（おいしい） ・たまねぎ（あまい） ・生たまねぎ（からい）	・エプロンシアターを通して、野菜の味にも着目させる。（T2）	エプロンシアター
7　感想を書いて発表する。 ・おみそ汁は、一度にいろいろな野菜を食べることができる。 ・野菜には、いろいろな栄養があることがわかった。 ・好き嫌いせず野菜を食べたい。	・今日の学習でやってみようと思うことを書く。 ○野菜を進んで食べようとする意欲をもつことができたか。 ・給食のみそ汁に使われているみその話をする。（T2）	みそだる

◆授業で使用したワークシート

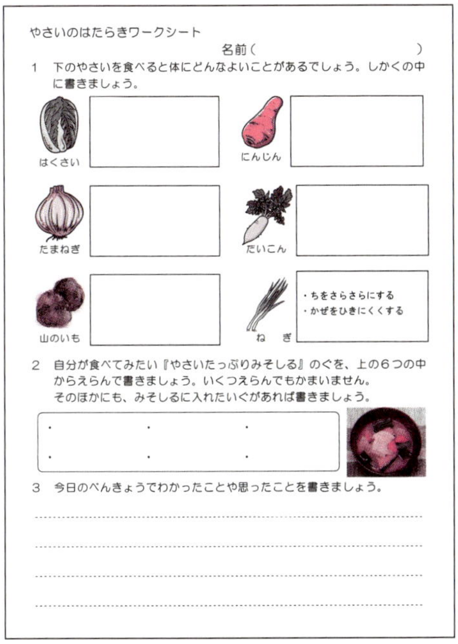

やさいのはたらきワークシート

名前（　　　　　　　　）

1　下のやさいを食べると体にどんなよいことがあるでしょう。しかくの中に書きましょう。

はくさい

にんじん

たまねぎ

だいこん

山のいも

ねぎ
・ちをさらさらにする
・かぜをひきにくくする

2　自分が食べてみたい『やさいたっぷりみそしる』のぐを、上の６つの中からえらんで書きましょう。いくつえらんでもかまいません。
そのほかにも、みそしるに入れたいぐがあれば書きましょう。

3　今日のべんきょうでわかったことや思ったことを書きましょう。

授業のヒント

「確かに学ぶ」食育が実現できる仕掛け

本事例で，「箱に入っている野菜を手で触って当てるゲーム」の仕掛けに興じる子どもたちのいい顔。触っている当人はもちろんのこと，クラスのみんなが箱の中の野菜に注目します。

この仕掛けは，いろいろな場面に応用が利きます。野菜の特徴を表現することで，なぞなぞや詩を作る国語の学習にも応用できますし，野菜のどこを食べているかを考える，３年生の理科にもつなぐことができます。

こうした優れた活動を考えることは，食育を豊かにするだけではなく，教科等の学習内容を深めることにつながります。これが，「確かに学ぶ」食育の姿なのです。

本事例では，こうした活動がいくつも盛り込まれています。「野菜たっぷりのみそ汁」を味わったり，エプロンシアターを楽しんだりと，子どもたちが，とかく苦手な野菜に笑顔で向き合っていく姿が確認できます。

「○○食べないと△△になる」という指導になりがちな野菜の授業ではなく，楽しみながら野菜に向き合っていく，そんな授業にできるヒントを与えてくれる，優れた事例です。

2年生・生活

担任（T1）
＋ゲストティーチャー（GT）

［福岡教育大学附属福岡小学校・実践例］

「なぜ,お魚がおさしみになるところを見せてくれたのかな？」

～このはしのむこうに

魚が「食べ物（刺身）」になるまでの過程を見せることで,「食べ物になった生き物の命を大切にしながら食べる自分になりたい」という願いを見いだすことができるようにしていきます。

◆ 授業のポイント

　檜（ひのき）の廃材を使って自分の手の大きさに合った「マイ箸」を作り，それを使って食べることにより，箸の使い方や食べ方に対する考えを見直すことができます。さらに，生きていた魚が食べ物になるまでという「食べるまでの過程」を見せることにより，自分の命を支える動植物の生命に感謝の思いをもち，命を大切にした食べ方を考え，実践することもできます。

◆ 本時の目標

　魚を「食べるまでの過程」を見て気づいたことを話し合い,「食べ物になった生き物の命を大切にしながら食べる自分になりたい」という願いを見いだすことができる。

◆ 食育の視点　【感謝の心】

　「食べ物は，食べ物となる前に命ある生き物だった」ことに気づき，食材となったさまざまな動植物の命を大切に思って食べることができる。

◆ 指導計画　（全21時間・本時12時間目）

第1次：自分の手の大きさに合った「マイ箸」を作り，食事をする体験から，なりたい自分について話し合うことができる。（8時間）

第2次：正しい箸の使い方を知り，実践し，次の願いについて話し合うことができる。（4時間）

第3次：命を大切にしながら食べる新たな「おはし日記（成長日記）」を考案・実行し，振り返りをする。（9時間）

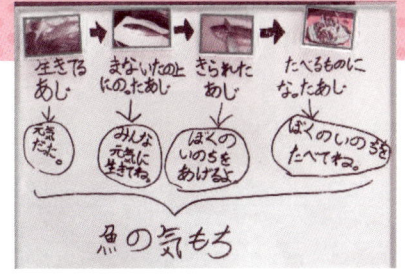

◆ 授業の流れ　　（※指導案「展開」は31p）

1　魚を食べるときに思うことを振り返った後，GTの魚の食べ方を見て，本時の願いについて話し合う。

「やっぱり魚を食べるのは面倒だし，難しいな」「ほとんど骨だけだ。どうやって食べているのかな」

○GTが魚を食べた後の拡大写真や箸使いの動画を提示し，感想を交流させることで，どのような思いで魚を食べているのかを知りたいという願いをもたせる。

2　生きた魚の調理を通して，みんなで魚の食べ方について話し合う。
（1）生きた魚を調理するGTの様子を見たり話を聞いたりする。

○生きたアジに触れさせた後に，GTが魚を調理する場面，できた刺身をおいしそうに食するという「食べるまでの行為」を実際に見せることで，自分たちは生き物を食べているということに気づかせる。

（2）GTが魚を残さずきれいに食べるわけについて話し合い，GTの思いを聞く。

「魚の命をもらって食べるから，GTの方は残さずきれいに食べていると思う」「箸の持ち方の前に，箸を使ってこんなふうに命を食べるんだよって教えたかったと思います」

○親和的に話し合うことができる3人チームを編成し，シンキングツールを使って話し合わせることで，5分間で考えをまとめさせる。

3　「なりたい自分」や仲間の頑張りについて話し合い，振り返りを書く。

「これからは，箸の使い方だけではなくて，食べ物には命があったことを考えて，できるだけ残さず食べたいな」

◆ 授業の板書

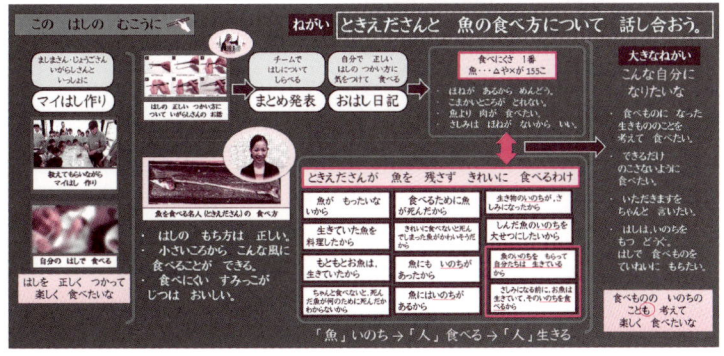

◆ 応用できます！

・「感謝をして給食を食べよう」の学習で，今日の給食に使われた「食材＝いのち」にはどのようなものがあるかについて話し合う。【学活】
・「いただきます」「ごちそうさま」の意味がわかり，食事のあいさつができる。【道徳】

◆ 単元計画　（学習指導案より）

活動と内容	手だて	配時
1　自分の手に合った箸（マイ箸）を作る体験から，作った箸を正しく使っておいしく食べたいというねがいをもつ。 　(1) いろいろな長さの箸を使って箸の機能を体感し，箸には手の大きさに合った長さがあることを知る。 　○　自分の手の1.2〜1.5倍の長さが，使いやすい箸の長さであることを知ること 　(2) マイ箸を作る。 　○　エコネットふくおかや食育推進ネットワークの方の説明をよく聞き，友達と協力してマイ箸を作ること 　(3) マイ箸を使って感じたことや，これからの学習でしたいことについて話し合う。 　○　マイ箸を手にとって感じたことから課題を見つけ，解決へのねがいをもつこと ・ねがいの例・・・箸を正しく使って食べられるようになりたい。そのために，正しい箸の持ち方について調べたい。	※　いろいろな箸の長さでの「豆つかみ」「スポンジ移動」体験及び自分の手に合った箸の長さを調べるための計算式（一咫半）の提示 ※　エコネットふくおかによる檜の廃材を使った伝統的な箸作り体験 ※　箸の持ち方が正しい子とそうでない子を分けたチーム編成及び「大きなねがいのもと」カードを使った話し合いの場の設定	6 ① ④ ②
2　正しい箸の使い方を調べたり練習したりして，次のねがいをもつ。 　(1) 正しい箸の使い方について調べたり練習したりする。 　○　食育推進ネットワーク，マナー講師の方やおうちの人に聞いた正しい箸使いを実践したり，箸について調べてわかったことをまとめること 　(2) 調べたり練習したりした成果を発表する。 　○　学びの成果を伝え合い，箸について理解を深めること 　(3) 食育推進ネットワーク，管理栄養士のGTの方の話を聞き，次のねがいを話し合う。 　○　自分たちも食材となった生き物の命を大切にしながら食べたいというねがいをもつこと ・ねがいの例・・・食べ物は生き物だったことを忘れず，命を大切にして食べたい。	※　正しい箸の持ち方だけではなく使い方にも対象を広げた本や資料の準備及び調べたことのまとめの例示 ※　達成感をもたせるおはし日記や家族や友達からの評価カード ※　食材となった動植物の命に目をむけさせ，箸使いから一歩先のねがいへと発展させるために管理栄養士のGTの方の魚の食べ方及び調理の実演	11 ⑥ ③ ②
3　自分なりに，命を大切にする「食べ方宣言」を作成・実行し，題材全体の振り返りをする。 　(1) 「食べ方宣言」を作成・実行する。 　○　命を大切にする食べ方を見つけ，実行すること 　(2) 題材全体を振り返り成長シートを書いて交流する。 　○　自分のねがいの変容や，自分ができるようになったことやがんばりに気づき，自分のよさを実感すること	※　個々の課題に合ったプランにするための家族のアドバイス ※　ねがいの変化や自分のよさのひろがりに気付かせるためのポートフォリオに蓄積された自己評価の活用	5 ② 課外 ③

◆ 本時の展開　（学習指導案より）

段階	活　動　と　内　容	手だて
共有	1　自分たちが魚を食べるときに思うことを振り返った後，GTの方の魚の食べ方を見て，本時のねがいについて話し合う。 　　［おはし日記の結果（魚が一番食べにくい）］→［GTの方の魚の食べ方（食後の魚の写真→動画）］ 　・やっぱり魚を食べるのはめんどうだし，難しいな。 　・ほとんど骨だけだ。どうやって食べているのかな。 　　［ねがい　GTの方と　魚の食べ方について　話し合おう。］ 　　○　GTの方が魚を食べた後の写真を見て感動し，GTの方の考えを聞いてみたいというねがいをもつこと	※　GTの方が魚を食べた後の拡大写真や箸の動きがわかる動画を提示し，感想を交流させることで，GTの方はどんな思いで魚を食べているのかを知りたいというねがいをもたせる。
解決	2　生きた魚の調理を通して，みんなで魚の食べ方について話し合う。 （1）生きた魚を調理するGTの方の様子を見たり話を聞いたりする。 　　［生きている数匹のアジにふれる］→［選ばれた一匹の調理風景を見る］→［刺身になったアジを食べるGTの方を見る］ 　・お魚は元気に動いてつるつるしているね。 　・お魚が死んでしまった。かわいそうだな。 　・GTの方は，とても丁寧に「いただきます」を言って魚を食べたよ。 　　○　日常はほとんど目にしない「食べるまでの行為」を見て，生き物を自分たちは食べていることに気づくこと （2）GTの方が魚を残さずきれいに食べるわけについて話し合い，GTの方の思いを聞く。 　・生きていた魚の命をもらって食べるから，GTの方は残さずきれいに食べていると思う。 　・お魚の命をもらって自分たちは健康に生きるのだから，おいしく，さいごまで大切に食べたいと思っていると思う。 　　○　GTの方が魚を残さずきれいに食べるわけを見出し，GTの方の話から箸の向こうにはたくさんの命があることに気づくこと	※　生きたアジに触れさせた後に，GTの方が魚を調理する場面，できた刺身をおいしそうに食するという「食べるまでの行為」を実際に見せることで，自分たちは生き物を食べていることに気づかせる。 ※　親和的に話し合うことができる3人チームを編成し，シンキングツール（「▲は○○だから」という関係を図式化したホワイトボード）を使って話し合わせることで，5分間で考えをまとめさせる。
達成	3　チーム内で「なりたい自分」や本時の仲間のがんばりについて話し合い，本時の振り返りを書く。 　・これからは，箸の使い方だけではなくて，食べ物には命があったことを考えて，できるだけ残さず食べたいな。 　・Aくんが，「Bさんはどう思う。」と聞いてくれたから話しやすかったよ。 　　○　チームの友達と「なりたい自分」や本時のがんばりを交流し，振り返りに書いたり発表したりすること	※　チームで「何のために箸を正しく上手に使って食べるのか」についてや仲間のがんばりについて意見交流させた後に個々の振り返りの場を設けることで，命を大切にして食べることができるようになりたいというねがいをもたせると共に，本時の自分のがんばりに気づかせる。

「かむことのよさを知ろう」

3年生・学級活動
担任(T1)／栄養教諭(T2)
[兵庫県篠山市立城東小学校・実践例]

> バナナとするめを試食することで，食べ物によってかみごたえが違うことを実感させることができます。このような楽しい活動を取り入れることで，かむことへの関心が高まっていきます。

◆ 授業のポイント

　顔の表面温度のサーモグラフィー（『育てようかむ力』少年写真新聞社）を見せて，かみごたえの違う2つの食品を食べたときでは，かむ回数の違いから顔の温度に変化があることに気づかせることができます。また，絵や具体的な例を挙げながら，かむことの4つの効果（①脳が働く②肥満の予防③消化がよくなる④むし歯の予防）について説明することで，よくかんで食べようとする意欲をもたせることができます。

◆ 本時の目標

・何でもよくかんで食べようとする意欲をもつことができる。【実践力】
・健康な体をつくるために，かみごたえのあるものを食べることの大切さを知る。【判断力】

◆ 食育の視点　【心身の健康】

　かむことの大切さを知り，よくかんで食べようとする意識をもつことができる。

◆ 授業の流れ　（※指導案「展開」は34p）

1　5つの食品の「かみごたえランキング」を当てる。
　　1位　するめ　2位　ごはん　3位　りんご　4位　食パン　5位　バナナ
2　「するめ」と「バナナ」を試食して，わかったことや思ったことを発表する。
【バナナ】「やわらかい」「とろとろした感じ」「かみやすい」「10回くらいかんだら食べることができたよ」　【するめ】「かみ過ぎであごが痛い」「かめばかむほどおいしい」「かたいけど，かんでいるとだんだんやわらかくなっていく」「100回以上かんだよ」

○かむ回数，だ液の量，あごの動き（耳の前）に着目させる。
○かむ前，プリンをかんだとき，するめをかんだときの3つの場合のサーモグラフィー（表面温度）を見せて違いを比較させる。

3　かむとどんなよいことがあるかを考えて発表する。
　「かむ力が強くなるし，あごや歯も強くなる」「だ液が出て，食べ物が飲み込みやすくなる」「むし歯にならない」

4　かむとどんなよいことがあるのか，栄養教諭の話を聞く。
　①脳が働く　②肥満の予防　③消化がよくなる　④むし歯の予防

5　「ファストフード」と「和食」，かむ回数が多いのはどちらかを考える。
　「きんぴらごぼうは，かまないと食べられないよ」「和食はメニューが多いから，かむ回数が多い」「ファストフードは，やわらかい食べ物が多いから，かむ回数が少ないと思う」

○かむ回数（洋食562回。和食1,019回）を伝える。また，和食の食品の方が，かみごたえのあるものが多いので，和食がおすすめであることも伝える。
○弥生時代（約2,000年前）の卑弥呼の食事やあごの形を紹介し，昔の人はよくかんでいたことに気づかせる。

6　かむことの大切さを紹介した紙芝居を見る。

○紙芝居を見て，かむことの大切さに気づかせる。

7　授業の感想を書いて発表する。
　「明日の朝ごはんを和食にしたいと思いました。むし歯の予防にもなるからです」「昔と比べて今はかなりかむ回数が減っていることがわかりました。これからはかむ回数の多い方を選びたいです」「好きなものばかり食べるのではなくて，かみごたえのあるものを食べるといいことがわかりました。イカやタコ，和食を食べて強そうなあごにしていきたいです」

◆ 授業の板書

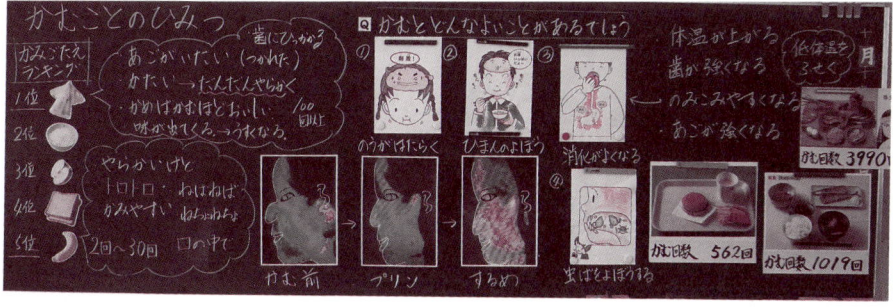

◆ 応用できます！

・玄米を試食してその栄養について知り，ごはんを主食とした食事のよさを考える。【学活】
・干しいもやスルメなど，よくかむ必要がある昔のおやつについて調べる。【3年生・社会】

◆ 本時の展開　（学習指導案より）

学習活動	指導上の留意点
1　かみごたえランキングを当てる。 　　1位　するめ　　　4位　パン 　　2位　ごはん　　　5位　バナナ 　　3位　リンゴ	・みんなで予想して当てていく。 ・楽しく盛り上がるように・・・。
2　かみごたえランキングの5位のバナナとするめを試食して思ったことやわかったことを発表する 【バナナ】 　・やわらかい　　・とろとろ 　・かみやすい　　・10回くらいで食べた 【するめ】 　・あごがいたい（つかれる） 　・かたいけど、やわらかくなっていく 　・かむほどおいしくなる 　・100回以上かんだ	・かむ回数も数えさせる。 ・かみごたえの違う2つの食品を食べた後の顔の温度をサーモグラフィーで見る。
3　かむとどんなよいことがあるか発表する。 　・ひまんを予防する 　・脳の働きを活発にする 　・むし歯を予防する 　・消化を助ける 　（食べ物の栄養をいっぱい吸収できる）	・ワークシートの絵を見て4つのよいところを考えさせる。 ・栄養教諭の話を聞く。
4　ファストフードと和食。かむ回数が多いのはどちら？理由も発表する。 　・ファストフード　　562回 　・和食　　　　　　1019回 　・弥生時代　　　　3990回	・イラストを準備して、回数のところをかくして提示する。予想をした後、回数のところをめくる。 ・弥生時代3990回で盛り上がるように持っていく。 ・卑弥呼のあごの形から、昔の人はよくかんでいたことを説明する。
5　紙芝居を見る。 6　学習の感想を書く。	・かむことの大切さに目を向けることができるように話し合う。 ・これからがんばることを書く。

◆ 授業で使用したワークシート

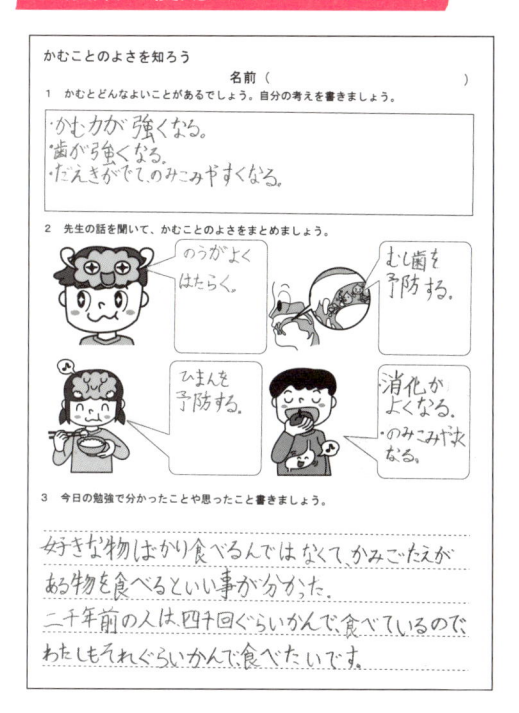

小学3年

授業のヒント

食生活につながる手立て

　学習において「実感できる」ということは，とても大切なこととなります。とりわけ，食育においては，実感することが食生活への向かい方を変えていくことにつながります。

　それでは，子どもたちにかむことのよさを実感させるためには，どのような手立てがあるのでしょうか。本事例では，「するめとバナナを試食する」「かんだときの感覚とデータを共有する」という手立てを取ることによって，実感を試みています。

　こうしたアプローチによって，子どもたちに「なるほど」と思わせることが授業のポイントとなります。

　さらに，学習内容に焦点化する授業展開も秀逸です。本事例の中心となる活動は，「試食する」ことです。中心となる活動の前では，「かみごたえランキング」を考えて，かむことに目を向けさせています。

　中心となる活動後には，栄養教諭の言葉や紙芝居を配しています。学んだことを自分なりに咀嚼して，生活につなげていく紙芝居が大きな効果を上げることは言うまでもありません。

3年生・社会

担任(T1)／特別支援学級担任(T2)／栄養教諭(T3)／主幹マネジメント(T4)

[兵庫県篠山市立城東小学校・実践例]

「地産地消って何だろう」
～くらしをささえるまちではたらく人びと

> 地元で作られた白菜と，ほかの地域で作られた白菜を食べ比べ，うまみや鮮度の違いを体感することで，地元野菜の良さに気づくことができます。

◆ 授業のポイント

　地元の白菜と，ほかの地域の白菜の見栄え，味や鮮度，香りを五感を使って比較することで，地産地消の良さ（鮮度，季節の旬のうまみ，安心・安全な食材）に気づかせることができます。また，栄養教諭から，市内で作られている野菜が給食に数多く出されているわけを説明することで，給食に関わる人びとの思いや願いに触れることができます。

◆ 本時の目標

　年間を通して市内で作られた野菜が数多く出されていることを読み取ることにより，鮮度や季節の旬の味，食品の安全性を考え，数多く出されていることを理解する。

◆ 食育の視点　【食品を選択する能力】

　学校給食における地元野菜の活用に関する資料を読み取ったり，栄養教諭の話を聞く活動から，地産地消の大切さに気づき，地元野菜の良さ（食べ方，買い方）を考える。【判断力】

◆ 指導計画　（全21時間・本時10時間目）

第1次：店で働く人びと　（11時間）
第2次：畑で働く人びと　（10時間）

◆ 授業の流れ　（※指導案「展開」は38p）

1　給食の献立表から，市内で作られている野菜が数多く出されていることを知る。
　・ほうれんそう　・ねぎ　・キャベツ　など

2　資料をもとに話し合う。
（1）年間出荷別表から給食に使っている地元野菜の種類と時期を読み取る。
【種類】ねぎ，白菜，山のいも，豆，たまねぎ，大根，ごぼう，水菜
【時期】何月から何月まで，年間を通して

○年間を通して給食に地元野菜が数多く出されていることを読み取らせる。

（2）地元の白菜と，ほかの地域の白菜を食べ比べ，感じたことを話し合う。
【地元の白菜】・朝に収穫（新鮮）　・無農薬
【他地域の白菜】・2週間前に収穫（冷蔵保存）　・農薬あり
　「地元の白菜は，張りがあってみずみずしい」「甘くて水分が多い。パリッとしている感じ」「変なにおいがしない。新鮮な香りがする」「包丁で切ったら，サクッといい音がした」

3　市内で作られている野菜が，給食に数多く出されている話を栄養教諭に聞く。

○地元の野菜は，鮮度，季節の旬のうまみに優れ，安心・安全な食材であることから，学校給食に地元野菜を使用していることを理解させる。

4　市内でとれた野菜を食べるとどんな良さがあるか，発表する。
　「新鮮でおいしいから地元野菜をできるだけ食べたい」【健康，安心・安全】
　「少し値段が高くても地元の人が作った物を買って食べたい」【生命尊重】
　「給食などに出される地元野菜を残さず食べるように心掛けたい」【勤労感謝】
　「旬のうまみを大切にして，季節ごとの野菜や特産物を味わいたい」【特産物伝承】
　「大人になったら家の畑で地元野菜を作りたい」【食文化伝承】

◆ 授業の板書

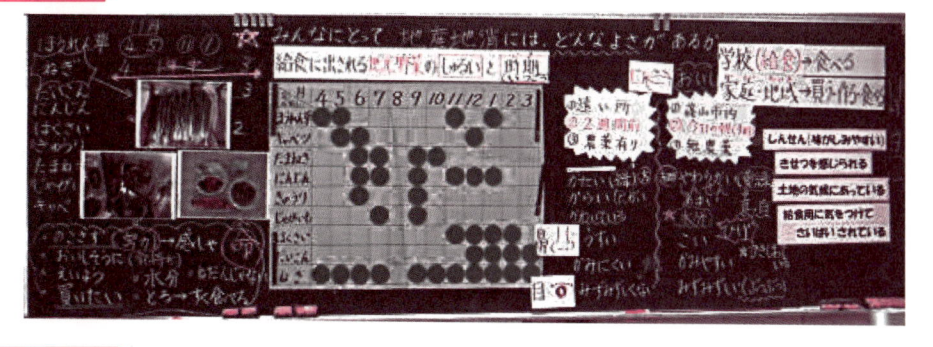

◆ 応用できます！

・地元野菜を使って郷土料理を作る。【総合，社会】
・食に関わる仕事に携わっている人を取り上げ，その仕事について理解し，自分たちの生活を支えてくれていることに気づく。【社会】

◆ 本時の展開　（学習指導案より）

	学　習　活　動	指　導　上　の　留　意　点 （・留意点並びに支援　☆評価） T1（学級担任）T2（特別支援学級担任）T3（栄養教諭）T4（主幹マネジメント）
導入	1．学習のめあてを持つ。 【課題】 ・みんなにとって、地産地消にはどんなよさがあるかな。	(T1) 給食の献立表から、篠山市内で作られている野菜が数多く出されていることを知らせる。
展開	2．資料を見たり、説明を聞いて話し合う。 　（1）資料から、給食に出されている地元野菜の種類と時期を読み取る。 ・学校給食には、どんな野菜が、何月ごろに出されているだろうか。 　種類・・・ねぎ、白菜、山のいも、豆、 　　　　たまねぎ、大根、ゴボウ、水菜 　時期・・・何月から何月まで、 　　　　年間を通して 　（2）地元の白菜と他の地域の白菜を食べ比べ、感じたことを話し合う。 ・篠山市内でとれた白菜と遠い地域から運ばれてきた白菜を比べてみよう。はたして、ちがいはあるだろうか。 　・見栄え（目） 　・味、鮮度（口） 　・香り（鼻） 3．篠山市内で作られている野菜が、給食に数多く出されている話を聞く。 　・鮮度 　・季節の旬の旨み 　・安心、安全な食材 4．話を聞き、自分の考えを発表する。 ・篠山市内でとれた野菜を食べると、どんなよさがあるのだろうか。 　・学校給食に出される野菜への思い（学校生活） 　・地元野菜への思い（家庭、地域での生活）	(T1) 資料から、年間を通して学校給食に地元野菜が数多く出されていることを読み取らせる。 (T2) 認知の手がかりとなる概念が形成できるように支援する。 (T4) 視覚的にとらえにくい資料の内容を言葉で伝える。 ☆地元野菜の活用に関する資料を読み取り、篠山市で作られている野菜が、学校給食に数多く出されていることを理解することができたか。（資料読解力） (T1) 地元野菜と他地域の野菜の旨みや鮮度の違いを体感させる。 (T2) 作業に必要な動作が円滑に遂行できるように支援する。 (T4) 味覚で感じたことを意思表示できるように意欲づける。 (T3) 学校給食に地元野菜を使用することにより、美味しく安全・安心な食材が確保されていることを理解させる。 (T1) 地産地消の観点に立ち、自己の生活を見直させる。 (T2) 言葉による意思表示ができるように支援する。 (T4) 視覚的にとらえにくい板書の文字を言葉で伝えることにより、地元野菜のよさを考えられるように支援する。 ☆地産地消の意義に気づき、地元野菜のよさや食べ方、買い方を考えることができたか。（判断力）
終末	5．本時の学習をふり返る。	(T1) 地場農産物を使って、郷土料理を作ることを知らせる。

授業のヒント

学校給食を足場にする

　生産者の顔やその姿が見える地域の食材について知ることは，子どもたちが生涯にわたって食品や食料生産，食文化等の情報をもとに，食品の選び方や組み合わせ方を適切に選択する能力を育むことにつながります。

　そうした学習のスタートに当たるのが，本事例にあるように，3年生の社会科です。では，どのように地域の食材や生産者に出会わせていけばいいのでしょうか。

　本事例では，学校給食を切り口に地域の野菜に対する理解を深める展開を取っています。献立表から地域の野菜に目を向けさせて，地域の野菜の良さについて，学校給食を足場にして理解させていく展開は大変優れています。

　学校給食から地域を見ていくアプローチは大いに参考にすることができます。その中で，栄養教諭が必然性をもって登場し，栄養教諭だから話せる内容を語っています。

　また，ここでの学習経験をもとに，さらに家庭科の調理実習での地域食材の活用や，社会科でのフード・マイレージへの学習につながっていくことが期待できます。

THE 子どもの生態　食に楽しく向かう姿を見せよう

　笑顔で授業をしていますか。授業に慣れていないから笑顔どころではないかもしれません。伝えたいことがたくさんあるから，必死で話しているかもしれません。でも忘れてはいけないのは，食に楽しく向き合っている大人の姿こそが，食にきちんと向かい合う子どもを育てることなのだということです。

　もっとも避けたい授業は，写真や図を示して「今の食事をしていると大変だ…」と恫喝（どうかつ）と恐怖で食育を進めることです。子どもたちは言うでしょう，「反省しています」と。しかしそれは長くは続きません。授業を進める教師の姿こそが何よりの教材となることを自覚してください。皆さんが楽しく誠実に食を語るとき，そこに質の良い食育が実現されることをお忘れなく。

3年生・社会

担任（T1）

[兵庫県篠山市立城東小学校・実践例]

「七輪やかまどで食事を作ろう」

〜昔の道具と人々のくらし

> 古民家のかまどを使って，ごはんを炊いたり，鍋を作ったりすることで，昔と今の台所を比較し，昔の人びとの暮らしや気持ちに迫ることができます。

◆ 授業のポイント

　昔の道具として食に関わる道具を取り上げます。七輪やかまどを使って食事を作ることで，「昔の道具と人々のくらし」の学習に興味・関心をもたせたり，昔の暮らしの様子を実感させたりすることができます。その体験を通して，過去の生活における人びとの思いや願いに気づかせることもできます。

◆ 単元の目標

　昔の道具（七輪・かまど）を使うことを通して，過去の生活における人びとの知恵や工夫に気づき，それらを使っていたころの暮らしの様子について考えることができる。

◆ 食育の視点　【生活能力を磨く】【食文化を継承する】

・昔の調理道具（七輪，かまど）を使って料理を作ることができる。【実践力】
・昔の調理道具（七輪，かまど）を使って調理を体験し，当時の食事作りの大変さや，人びとの知恵に気づくことができる。【洞察力】

◆ 指導計画　（全14時間・本時第1次）

第1次：昔の道具（七輪，かまど）を使ってみよう。（6時間）
第2次：昔の道具を調べてみよう。（4時間）
第3次：調べたことをもとに道具年表を作ろう。（4時間）

◆ 授業の流れ

1　昔と今の台所の絵を比べ，違いや気づいたことを話し合う。

「昔は機械がなく，木や竹でできた道具が多い」「昔は家族みんなで働いている。水は，井戸から運んでいる」「昔の道具（七輪やかまど）を使って，食事を作ってみたいな」

○昔と今を対比させながら，昔の台所の様子や道具に着目させ，昔の道具について自分で調べたり，実際に使ったりしようとする意欲を高める。

2　七輪を使って，おもちと魚を焼いて食べる。

「七輪はどうやって使うのかな」「火おこしのコツがわかったから火をつけてみよう」「けし炭を使うと，火がつきやすいね」「強火で焼くと，おもちや魚がこげてしまったよ」「弱火でじっくり焼いたおもちと魚はおいしいな」「七輪は，おいしく焼くための工夫がされている」

○七輪でおもちと魚を焼く体験を通して，昔の人びとの知恵や当時の暮らしの様子を捉えさせる。

3　かまどを使った食事作りの計画を立てる。

○地産地消の良さに気づかせるために，自分たちが育てた米や野菜，地場産のこんにゃくや豆腐，お茶などを使った食事を作らせる。

【かまどを使って作る食事のメニュー】・ごはん（自分たちが育てた米）　・お茶（後川地方の寒茶）　・じょうとう鍋（猪肉，こんにゃく，豆腐，白菜，にんじん，しいたけ等）

4　古民家のかまどで食事を作る。

【ごはんを炊く手順】①米を洗ってかまに米と水を入れる。②薪をくべ，火加減を見ながら炊く。

【じょうとう鍋の手順】①大きな鍋に水を入れる。②火をおこし，切った白菜やにんじんなどの野菜を入れて煮る。

5　昔の道具を使った食事作りの感想をまとめる。

「火加減が難しかったけど，うまくごはんを炊くことができた。炊きたてのごはんはとてもおいしかった」「鍋を何杯もお代わりした。昔の道具を使ってもこんなにおいしい料理が作れるなんてびっくりした」「昔の人は食事に手間をかけていたことがわかった。今は，炊飯器やコンロで簡単に食事を作ることができるから便利だと思う」

◆ 応用できます！

・昔のおやつと今のおやつを食べ比べる。【学活】
・食品を長持ちさせる工夫や保存食の良さについて知る。【社会，家庭】

◆ 授業で使用したワークシート

じょうとうなべの材料を考えよう

＜テーマ＞
○城東校区の特産物や、野菜などを使ってなべを作る。

なべに入れるもの	持ってくる人
黒豆みそ	
しし肉	
キャベツ	
ダイコン	
ね　ぎ	
とうふ	
にんじん	
しいたけ こんにゃく	

※後川の寒茶（かんちゃ）も飲みます。少し甘みがあるお茶。

> 授業のヒント

地域に合わせた体験活動

　学習指導要領解説社会編，第3学年および第4学年の内容（5）において，地域の人びととの生活について，古くから残る暮らしに関わる道具，それを使っていたころの暮らしの様子を見学，調査したり，年表にまとめたりして調べ，人びとの変化や人びととの願い，地域の人びとの生活の向上に尽くした，先人の働きや苦心を考えるようになっています。

　本事例は，この内容をもとに構成されており，豊かな体験活動をもとに学習を展開しています。

　本事例のような体験活動に対して皆さんは，「七輪を使っておもちと魚を焼いて食べることはできるかもしれないが，かまどを使って食事を作ることは，うちの小学校ではとてもできない」と，本事例を特別な事例ではないかと思っていませんか。それは授業づくりの本質から外れています。

　地域の道具や食材を教材にしていったその熱意と真摯な姿勢にこそ学ぶべきです。そうすれば，地域の実態に合わせて体験活動や地域の方との出会いを取り入れた，それぞれの学校における授業が生まれると思います。

THE 子どもの生態

ワクワクする名前で引きつける！

　子どもは，探検やヒミツが大好きです。名人やソムリエにも憧れます。授業のタイトルに，こういうワクワクする名前をどんどん付けましょう。私も，「きゅうきょくの桜もち」「至高の朝食」「まちの名人に修行中」といった単元名で子どもたちの意欲を引き出してきました。1時間の授業の中でも，しっかり調べようというときには，「名探偵になろうよ」と言うだけで子どもの追究が違ってきます。

　おにぎりを上手に握ることを目標にしたときに，「名人のことをドイツ語でなんていうか知ってる？　マイスターっていうんだよ。おにぎりマイスターになろう！」，これで6年生でも乗ってきてくれます。たかが名前ですが，されど名前なのです。

4年生・国語

担任(T1)

[兵庫県南あわじ市立榎列小学校・実践例]

「食感を表す言葉」
~擬音語を使って表現しよう

> せんべいを食べる音を考えた後,特徴のあるいくつかの音を「かたい」順に並べ替えます。並べ替えた理由を発表することで,濁音・半濁音・促音を使った擬音語の効果をお互いに楽しむことができます。

◆ 授業のポイント

　食感を表す「バリバリ」「サクサク」「パリポリッ」等の言葉でせんべいのかたさの印象が変わります。食べたときの感想を言葉で伝えたり,食感を擬音語でどう表現すればよいかを考えたりする活動を通して,日常に生きて働く言葉の力を育むことができます。

◆ 本時の目標

・擬音語を使い,食感を表す言葉を工夫して表現することができる。
・友達と意見を交流しながら,言葉のもつイメージや微妙な意味合いをわかりやすく伝えることができる。

◆ 食育の視点　【食文化】

　日本の食文化の豊かさが語彙の豊かさと結び付いていることに気づくことができる。

◆ 指導計画　（全2時間・本時2時間目※詩や作文学習の前に位置付ける）

1時間目：擬態語の効果を知り,擬態語を使って表現する意欲をもつ。
2時間目：擬音語の効果を知り,擬音語を使って表現する意欲をもつ。

◆ 授業の流れ　（※指導案「展開」は46p）

1　何かを食べている人のイラストを見て,気づいたことを出し合う。

○「バリッバリッ」のカードを提示し,食べている物が何かを考えさせる。

2　食べている物を知り，擬音語の持つ表現力について考える。

○カタカナで表記することを知らせ，「バリッバリッ」と「ぷるん」との対比をさせる。

3　せんべいのかたさを変えるためには，どんな言葉をイラストに添えればよいかを考える。

○せんべいを食べたときにどんな音がしたかを思い出させ，ワークシートに書かせる。

「ボリッボリッ」「サクッサクッ」「サクサク」「ボキボキ」「パリッパリッ」「ムニャムニャ」「パリッポリッ」「ポリッポリッ」「ポリポリ」等

4　考えた言葉を出し合い，言葉のもつイメージを想像する。

○擬音語を音読させることにより，せんべいの食感を想像させる。
○黒板に貼られた擬音語の短冊をせんべいのかたい順に並べ替えさせ，理由を発表し合う。

5　栄養教諭からのメッセージを聞く。

○給食献立名に擬音語が活用されていることを知らせ，献立名「ささみのカリッとあげ」のカードを提示し，栄養教諭からのメッセージを紹介する。

「食感はおいしさの秘訣の一つ。食材の良さを引き出す料理の仕方を工夫している」

6　授業を振り返り，次時の学習について知る。

○次時に学ぶ詩を紹介し，擬態語や擬音語に留意して音読練習をしてくるように伝える。

◆ 授業の板書

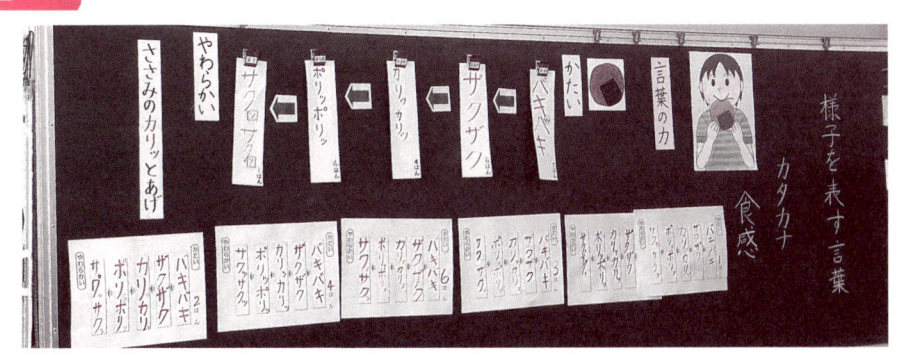

◆ 応用できます！

・「まったり」「はんなり」など，物の様子や動きだけでなく食感を表す言葉があることを知り，地域特有の言葉から，地域が大切にしている食文化に気づかせる。【国語，社会】
・「柿が赤くなれば医者は青くなる」など「食」のことわざについて調べさせると，食べ物の栄養や旬の時季にも話題が広がる。【国語，学活】

◆ 本時の展開　（学習指導案より）

児童の活動	指導上の留意点	準備物等
1　何かを食べている人のイラストを見て気付いたことを出し合う。 　・おいしそう　・何を食べているのかな 　・せんべいを食べている音かな	・イラストについて自由に想像させた後、言葉カード「バリッバリッ」を提示し、何を食べているか考えさせる。	・イラスト（人） ・言葉カード
2　食べているものを知り、擬音語のもつ表現力について考える。	・前時で扱ったプリンのイラストを提示し、「バリッバリッ」と「ぷるん」を対比させる。 ・擬音語の効果を理解させ、片仮名で表記することを確認する。	・イラスト （プリン） （せんべい）
3　せんべいのかたさを変えるためには、どんな言葉をイラストに添えればよいかを考える。	・自分のこれまでの経験から、せんべいを食べたときにどんな音がしたかを思い出させる。	・ワークシート
4　考えた言葉を出し合い、言葉のもつイメージを想像する。 　・班の中で考えた言葉を発表する。 　・黒板に貼られた擬音語の短冊をせんべいのかたい順に並べ替える。	・班ごとにせんべいのかたさの違いがよく表現できている言葉を2つ選ばせ、短冊に書いて黒板に貼らせる。 ・出てきた言葉を音読することにより、せんべいの食感をイメージさせる。 ・かたさの違いのわかる5つの短冊を選び、並べ替えさせる。 ・並べ替えた理由を発表させ、互いのもつ言葉のイメージを交流させる。	・短冊
5　栄養教諭のメッセージを聞く。 　┌──────────────────┐ 　│食感はおいしさの秘訣の一つ。食材の良さ│ 　│を引き出す料理の仕方を工夫している。　│ 　└──────────────────┘	・日本食の良さである食感が食材の特性を生かす調理方法の工夫と関連していることに気付かせる。	・献立名カード「ささみのカリッとあげ」 ・栄養教諭の顔写真とメッセージ
6　授業を振り返り、次時の学習について知る。	・詩「のはらうた」を学習することを知らせ、擬音語や擬態語に留意して音読してくることを伝える。	

◆ 授業で使用したワークシート

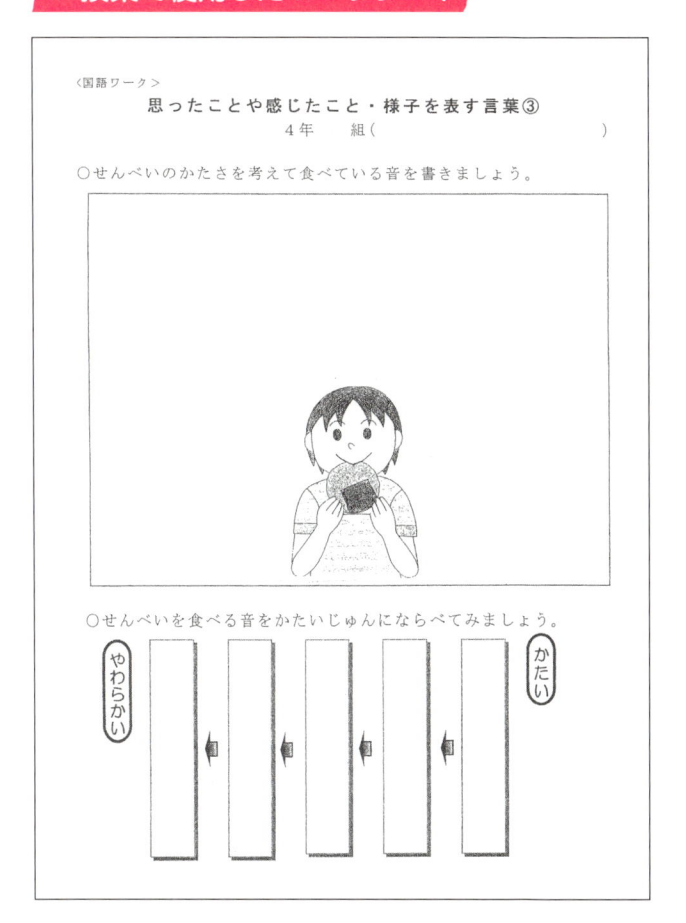

〈国語ワーク〉
思ったことや感じたこと・様子を表す言葉③
4年　組（　　　　　　　）

○せんべいのかたさを考えて食べている音を書きましょう。

○せんべいを食べる音をかたいじゅんにならべてみましょう。

やわらかい　←　←　←　かたい

小学4年

やわらかい　←　←　←　←　かたい　はん

4年生・保健

担任（T1）／栄養教諭（T2）

[広島県広島市立矢野西小学校・実践例]

「丈夫な体を作るために」
～育ちゆく体とわたし

> 「丈夫な体を作るためには何が必要か」を各自が付せん紙に書き，班でグルーピングしていきます。同じような意見をまとめることで，必要なことが焦点化されていきます。

◆ 授業のポイント

体をよりよく発育・発達させるには，調和のとれた食事，適切な運動，休養および睡眠が必要であることに気づかせるために，「骨模型」を使った実験や，グループワークを行います。こうした体験活動を通して必要なことが焦点化されたところで，より専門的な内容を子どもたちに伝えて，実践化につなげます。

◆ 本時の目標

個人で考えたり，グループワークをすることによって，健康でよりよく成長するためには，栄養・運動・休養および睡眠をバランスよくとることが大切であることを理解する。

◆ 食育の視点　【心身の健康】

健康でよりよく成長するために，成長期に必要な栄養素を含んだ食品を食べる必要性を理解する。

◆ 指導計画　（全4時間・本時4時間目）

1時間目：体は年齢に伴って変化し，体の発育・発達のしかたや時期には，個人差や性差があることを知る。
2時間目：思春期には体つきに変化が起こり，男女の特徴が表れることを知る。
3時間目：思春期には初経，精通などが起こり，異性への関心が芽生えることを理解する。
4時間目：よりよく育つためには，調和のとれた食事，適度な運動，休養・睡眠が必要であることを理解する。

◆ 授業の流れ　（※指導案「展開」は 50p）

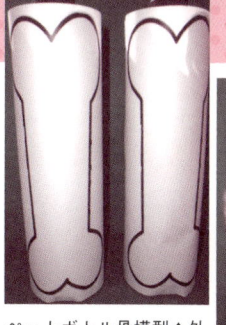

1. 見た目には違いのない「骨模型」を折る実験をし，どちらの骨が丈夫か考える。
    - ・中身が詰まっている骨は折れないよ。
    - ・スカスカだと骨が折れてしまう。

ペットボトル骨模型▲外側▶大豆を入れた中身

○「骨模型」の中身には大豆を詰め，上から骨のイラストを描いた紙を巻く。片方には半分しか大豆を詰めず，底には空気穴を開けて折れるようにしている。中身の詰まった「骨模型」を力自慢の児童に，スカスカの方をそうではない児童に持たせることで関心を高める。

2. 丈夫な体を作るためにどんな生活をしたらいいかを考える。
（1）個人の考えを付せん紙に書く。
    - ・カルシウムをよくとる。　　・外で元気いっぱい遊ぶ。
    - ・すいみんをよくとる。　　　・ごはんを三食きちんと食べる。
（2）班でグルーピングし，発表する。
    「生活・運動・食事」「すいみん・食事・運動・その他」
    「運動・食べる・飲む・はやねはやおき・その他」
    「すいみん・食べる・飲む・運動」

○付せん紙を仲間分けして，見出しを付けるようにさせる。

3. 丈夫な体を作るためにどんな生活をしたらいいか，専門家の話や具体的なデータから確認し，普段の自己の生活を振り返る。
「朝ごはんや夜ごはんを食べるとき，ヨーグルトや牛乳を残しているから，ちゃんと食べて丈夫な体を作り，しっかり遊びたいです」「遅くても9時半までに寝る」

◆ 授業の板書

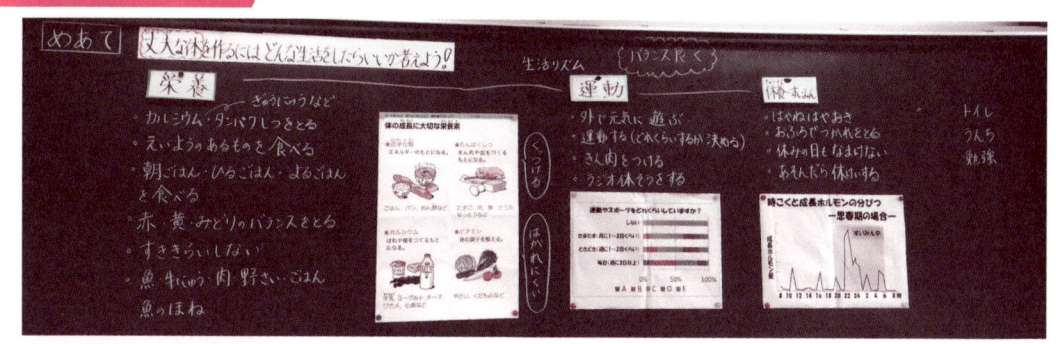

◆ 応用できます！

- ・「元気な毎日と食べ物」の学習で，成長期に必要な栄養について考えながら，五大栄養素の体内での主なはたらきを理解する。【5年生・家庭】
- ・自分の生活リズムを振り返り，朝ごはんの大切さを考える。【保健】

◆ 本時の展開　（学習指導案より）

	学習活動	指導上の留意点 (T1)学級担任	指導上の留意点 (T2)栄養教諭	・資料 ◆評価
導入 5分	1 めあてをつかむ ・前時の学習を振り返る。 ・簡単に折れる骨と折れない骨を見て、理由を考える。	○前時を想起させる。 ○骨模型を2名の児童に折らせ、模型の中身を児童に確認させる。		・ペットボトル 骨模型
	めあて：丈夫な体を作るにはどんな生活をしたらいいか考えよう			
展開 30分	2 丈夫な体を作るためにはどんな生活をしたらいいか考える。 (1)個人で付せん紙に思いついたことを書く。	○1つの付せんに1つの内容を書くことを説明する。 ○机間指導をする。	○付せん紙を配布する。	・付せん紙
	(2)班で付せん紙を分類する（栄養・運動・休養…etc.）。 ・班机 ・画用紙に付せん紙を分類し分類を表す言葉を見つける	○分類の方法を説明する。 ○机間指導をする。	○机間指導をする。 ○画用紙を配布する。	・画用紙、マジック
	(3)クラス全体で共有する。 ・班で出た分類やその内容を発表する。 3 分類ごとに教科書で確認する。	○班ごとに発表させる。	○机間指導をする。 ○板書する。	
	(1)栄養 ・体の成長に大切な栄養素 (2)運動 ・運動の良さ ・望ましい運動量 （1日30分以上） (3)休養・睡眠 ・休養、睡眠の良さ ・望ましい睡眠時間 （8時間以上）	○机間指導をする。 ○運動について説明する。（体力グラフ） ○休養・睡眠について説明する。（成長ホルモンのグラフ）	○栄養について説明する。 ○机間指導をする。	・掲示用資料（体の成長に必要な栄養素について、体力グラフ、成長ホルモン分泌のグラフ）
整理 10分	4 学習のまとめをする。 (1)普段の自己の生活を振り返り、今日から取り組めることを考える。 ・個人 ・全体で共有 (2)丈夫な体を作るために大切なことをまとめる。	○机間指導をする。 ○何人かに発表させる。 ○板書する。	○ワークシートを配布する。 ○机間指導をする。	・ワークシート ◆健康でよりよく成長するためには、栄養・運動・休養をバランスよくとることが大切であることを理解している。

授業のヒント

「自分事」にする活動を取り入れる

　小学校の体育科には，第3学年から「保健」に関する領域があります。そこには，栄養の偏りがない食事や望ましい生活習慣に関する内容が盛り込まれています。食育において，大変重要な領域であり，内容です。ところが，大切だと思うあまり，教え込んでしまいがちになることもよくあるのです。

　「調和のとれた食事，適切な運動，休養および睡眠の必要性」を教えて終わりになっている授業がその例です。子どもたちが知りたいと思っている時には関心事となっているので，教えてもいいでしょう。しかし，その状態になっていないまま，教師が一方的に教えても，生活は変わりません。「自分事」をつくることが食育では特に重要となるのです。

　本事例では，「自分事」にするために，「骨模型」を使った演示や付せん紙を使ったグループワークを取り入れています。こうした活動を通して，体をよりよく発育・発達させることに焦点化していきます。子どもたちの意識が高まったところで，専門的な立場からの助言が入ります。子どもの問題意識に沿った，優れた展開となっている点も学びたいものです。

小学4年

THE 子どもの生態

自覚的に反省することで次につながる

　授業がもっと上手になりたい，子どものつぶやきをしっかりと拾いたい，そういう思いが強ければ強いほど，うまくいかないと落ち込みます。落ち込むことは悪いことではありません。伸びていくつぼみだと思ってください。落ち込む人は，授業が上手になっていく人です。授業は，毎日することでうまくなっていきます。ただし，その際に大切なことは，自覚的に反省すること（振り返り）です。これがないと，授業を毎日したところでうまくはなりません。この振り返りは，自分だけではなかなかできないものです。誰かに授業を見てもらうことが一番です。それが難しいときは，自分でビデオに撮影して見てみましょう。自分の言葉や動きのクセがわかるだけでも意味があります。

4年生・道徳

担任(T1)

[兵庫県淡路市立育波小学校・実践例]

「いのちをいただく」

> 総合的な学習の時間での体験を生かしたり，地域の供養碑の例を取り入れたりすることで，普段の生活の中でも多くの命をいただいていることに気づくことができます。

◆ 授業のポイント

「命をいただいている」ことを実感させるために，総合的な学習の時間での体験を生かして取り組みます。また，教材『いのちをいただく』（内田美智子著，西日本新聞社）に取り上げられている牛の命だけでなく，身近にある魚の供養碑や全国各地のさまざまな供養碑も取り上げることで，より実感をもって理解を深めることができます。

◆ 本時の目標

・坂本さん（『いのちをいただく』の主人公）の葛藤を読み取ることを通して，命の尊さを学ぶ。
・人は，他の生き物の命によって生かされていることを理解する。

◆ 食育の視点　【感謝の心・食文化】

・自然の恵みに感謝し，命をいただくことの大切さに気づく。
・地域の産物，食文化や食に関わる歴史などを理解し，尊重する心をもつ。

◆ 指導計画　（全8時間・本時6時間目）

1～5時間目：「自分たちの食べているものはどこから？」総合的な学習の時間。
…地域で生産・加工されている「コメ」「たまねぎ」「牛乳」を取り上げる。栄養教諭が地産地消の栄養面における良さなどをわかりやすく解説し，食の選び方についても考える。
6時間目　　：「いのちをいただく」道徳。
7・8時間目：「究極の育波の給食を考えよう」総合的な学習の時間。
…地域の食材を取り入れ，旬の食材，栄養のバランスについても考えて献立を立てる。

◆ 授業の流れ　（※指導案「展開」は54p）

1　資料『いのちをいただく』をもとに感想を述べる。

○資料の本文が長いため，プレゼンソフトを使い，読み聞かせを行う。その後，児童が出した意見をつなぎながら坂本さんの葛藤に迫るようにする。

「坂本さんが『じっとしとけよ』とみいちゃん（牛）に言っていたから，やさしい人だと思いました」「坂本さんの決断（みいちゃんを殺すのが嫌だ，でも息子と約束したからやらなければ）があった」

○「何が坂本さんに仕事を続けようと決断させたのか」について考えさせる。

「牛を殺す仕事をするのは大変だけど，続けようと思ったのがすごい」「みいちゃんを飼っていた家族は，牛を売らないと生活ができない」

2　牛の飼い主の祖父の言葉から「いのちをいただく」意味について考える。

「命を奪うことはつらいし悲しい。だからこそ，ありがとうという気持ちを大切にしたい」
「命を奪ったのに，食べないで残すともったいないだけでなく，命を粗末にしている」

3　「いのちをいただく」ことを大切に思う日本文化や食文化について振り返る。

○いのちをいただくことに感謝していることがわかる，地元の文化や物がないかを話し合う。
○地域では，漁業が盛んなため「魚の供養碑」が現存する。写真を提示し，考える材料とする。
○全国の供養碑（鯨・鱧・海豚・鶏・豚等）を紹介する。

「地域の人も感謝してきたんだ」「全国でも『いのちをいただく』ことへの感謝が大切にされている」

◆ 授業の板書

◆ 応用できます！

　食物連鎖を取り上げた絵本『たべることはつながること―しょくもつれんさのはなし』（パトリシア・ローバー著，福音館書店）『がぶりもぐもぐ！』（ミック・マニング／ブリタ・グランストローム著，岩波書店）を読みながら，命のつながりである食物連鎖について理解する。【6年生・理科】

小学4年

◆ 本時の展開　（学習指導案より）

学習活動と内容	指導上の留意点	評価基準
1．導入 　挿絵から坂本さんの職業を予想する。	・児童の反応を見ながら、食肉加工の仕事内容について説明を補充する。	
2．展開 ①資料を提示する。	・資料の挿絵をプロジェクターに映しながら提示し、朗読することで理解を助ける。	
②資料を聞いて、感想を述べる。 　・牛の命に向き合っている坂本さんがつらそうだった。自分ならできない。 　・女の子が、泣きながら「おいしかぁ、おいしかぁ」と食べたのがすごかった。	・児童の意見を生かしながら、坂本さんの葛藤について迫る。	
③牛の飼い主の祖父の言葉から「いのちをいただく」意味について考える。 　・命を奪うことはつらいし、悲しい。だからこそ、「ありがとう」という気持ちを大切にしたい。 　・命を奪ったのに、食べないで残すともったいないだけでなく、命を粗末にしている。	・いのちをいただく行為は、悲しさやつらさだけでなく、自分たちの命をつなぐために必要なこと、だからこそ感謝の念を大切にしたいと思う気持ちを祖父の言葉から迫る。	・人が食しているものに命があることに気づくことができたか。
3．まとめ 　「いのちをいただく」ことを大切に思う日本文化や食文化について振り返る。	・育波でまつられている供養碑についての話をすることで、これまで育波に生きてきた人も感謝してきたことを伝える。 ・育波だけでなく、日本全国でも「いのちをいただく」ことへの感謝が大切にされていることを伝える。	・これまで日本人が他の命をいただいてきたことに感謝してきたことが理解できたか。

授業のヒント

立体的に「命」にアプローチする

　「命を大切に」「勤労の貴さを知る」「感謝の心をもつ」といった言葉を授業で簡単に使ってはいないでしょうか。命，勤労，感謝。こうした美しい言葉は，十分に気をつけて使うことが大切です。感謝するのであれば，具体なモノやコト，人の存在や思いを子どもたちがつかんでおくことが必要です。

　本事例は，事前に総合的な学習の時間を使って，食卓に並ぶ食材が多くの人の手で願いを込めて育てられ，届けられていることを見学や調査の体験活動を通じて学んだ上で，取り組んでいます。そして教材に登場する食肉加工センターの坂本さんの葛藤とともに，みいちゃんを育てた家族との関わりからも命をいただく意味を考えていきます。

　さらに，大漁に感謝して船に掲げる大漁旗や，豊作に感謝する秋祭りなどの文化が地域に根づいていること，命をいただいていることに感謝して供養碑が立てられていることに目を向けさせています。こうした，多様で立体的な命へのアプローチを通じて，子どもたちの中に，食べ物へのありがたみを知り，食べ物を大切にする心が育まれていくのです。

小学4年

THE 子どもの生態

ワクワクするような問いかけをしよう

　「これから，朝ごはんの大切さについて考えてみようと思います」，授業冒頭の先生の言葉です。「○○しようと思います」という教師の言葉を，私は「活動宣告型」と呼んでいます。この活動宣告型では，子どもたちの心に響く力は弱いのです。「朝ごはんを食べるとどんないいことがあるのかな」「朝ごはんを食べなかったときに先生は元気が出なかった。みんなはどう？」というように，子どもとのやり取りを続けながら，子どもたちにとって何となく本時の学習の輪郭がはっきりしていくように進めていきたいものです。子どもたちのワクワク感を引き出すために，活動宣告型から，「〜はどうかな，確かめてみようか」と問いかける話法を使いましょう。

4年生・総合的な学習の時間

担任（T1）

[兵庫県加古川市立東神吉小学校・実践例]

「郷土の味を紹介し合い,〈兵庫県・宮城県〉の魅力を発見しよう！」
～気仙沼市立大島小学校との絆プロジェクト

> スカイプ（インターネットテレビ電話）を活用することで,他者と進んで関わろうとする意欲やコミュニケーション能力を高めます。他県の児童との交流を深めながら,食文化の違いを実感として捉えることができます。

◆ 授業のポイント

　事前に集めた情報をもとに,興味をもった事柄についてテレビ電話で直接質問させることで,宮城県の特産物や郷土料理（地域の特徴が顕著に表れる『お雑煮』を含む）への理解が深まるようにします。また,兵庫県の魅力をアピールするために,地形や気候と特産物の関係や,地域の紹介などを織り交ぜながら説明するようにします。

◆ 本時の目標

　他の地域に暮らす人びとと郷土の味を紹介し合うことを通して,お互いの地域への関心を高め,交流を深めることができる。

◆ 食育の視点　【食文化】

　多様な食文化があることに気づき,郷土の特産物に対する関心や,郷土への愛着を深めることができる。

◆ 指導計画　（全22時間・本時第2次）

第1次：東日本大震災当時の大島の様子と,現在の状況について調べよう。（4時間）
第2次：仲良くなるために,スカイプで交流しよう。（15時間）
　　　・第1回交流・・・『地域・学校の自慢大会だ』
　　　・第2回交流・・・『相手のことをもっと知ろう！自己紹介だ』
　　　・第3回交流・・・『郷土の味を紹介し合おう』
第3次：心を込めて作ったもち米を,大島小学校に届けよう。（3時間）

◆ 授業の流れ　（※指導案「展開」は58p）

1　スカイプをつなぎ，始めのあいさつをする。

○気温などタイムリーな話題を取り上げ，両県の地理的な位置関係を意識させる。

2　郷土の味を紹介し合い，兵庫県と宮城県の魅力を発見する。
（1）大島小学校の「食」の取り組みを知る。
【大島小児童の発表】総合的な学習の時間に取り組んでいるわかめの養殖の説明。
【本校児童の質問】「大きくなったわかめの大きさはどのくらいあるのか」「どのようにして食べることが多いのか」

○地図帳を拡大し，大島付近にはわかめの記号があることを確認させる。

（2）兵庫県の「食」をアピールする。
【本校児童の発表】郷土料理（丹波の黒大豆，鯛そうめん，淡路のはもすき，セコめし）の紹介

○料理のキャッチコピーや使われている特産物の特徴を伝えて，クイズ形式で紹介させることにより，聞き手が興味をもって聞くことができるようにする。
○兵庫県産の割合が全国で上位の食材を使用した郷土料理を紹介し，兵庫の特産物をアピールさせる。

（3）宮城県民の「食」の秘密を探る。
【本校児童の質問】「ずんだもちは，どんなときに食べるか」「特産物のフカヒレは，給食に出るか」「お雑煮について（具は？　味つけは？　おもちの形は？）」

3　スカイプを終了し，学習のまとめをする。
　「大島では，雑煮におもちを入れないので驚いた」「食文化の違いがよくわかった」
　「フカヒレスープが給食に出るのでうらやましい。一度食べてみたい」

○発表の仕方や聞き方について，自己評価させる。

◆ 授業の板書

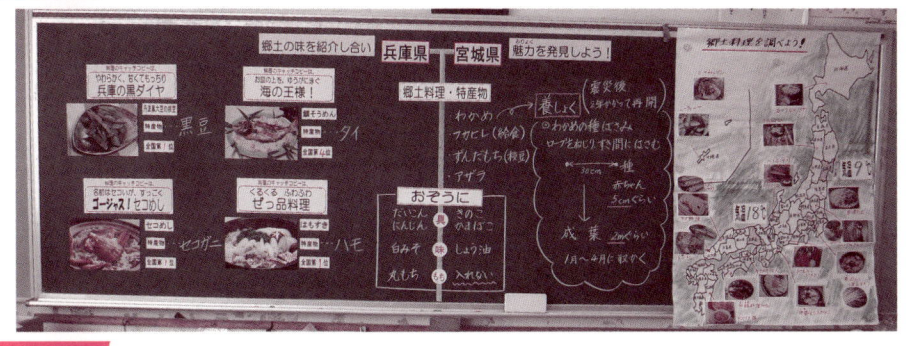

◆ 応用できます！

「わたしたちの県」の学習で，日本全国の特産物や郷土料理を調べる。【4年生・社会】

◆ 本時の展開　（学習指導案より）

学習活動	指導上の留意点	評価基準・評価方法
1．はじめにあいさつをし、本時の課題を確認する。 　　郷土の味を紹介し合い、兵庫県／宮城県　の魅力を発見しよう！ 2．大島小学校の「食」の取り組みを知る。 　　大島小学校・児童の発表 　・わかめの養殖について 3．兵庫県の「食」をアピールする。 　　東神吉小学校・児童の発表 　・丹波の黒大豆 　・鯛そうめん 　・淡路のはもすき 　・セコめし 　・明石の玉子焼（明石焼） 　・いかなごのくぎ煮 　・あなごの八幡巻 　・ばち汁 4．宮城県民の「食」の秘密を探る。 　・宮城県の特産物や郷土料理 　・お雑煮 5．スカイプを終了し、学習のまとめをする。	・タイムリーな話題を取り上げることで、両県の地理的な位置関係を意識させる。 ・総合的な学習の時間における取り組みを知ることで、気仙沼や大島の地域では、海に面した地形を利用してわかめの養殖などの水産業が盛んであることを理解させる。（地図で確認） ・全国の漁獲量や生産量に占める兵庫県産の割合が、上位の食材を使用した郷土料理を紹介させることで、兵庫の特産物をアピールする。 ・交流先に、紹介する料理のキャッチコピーを事前に送り、その中から交流相手が強く興味をもった料理（4つ）を紹介させる。（時間の都合上紹介できなかった料理は、後日「郷土の味図鑑」にして送る。） ・兵庫県に対する理解と関心を高めるため、「地形や気候と特産物の関係」や、「地域の紹介」などを織り交ぜながら説明させる。 ・スカイプのデメリットをカバーするため、話す速さや声の大きさ、動きなどに注意し、相手の反応を確かめながら説明できるように促す。 ・事前に集めた情報をもとに、興味をもった事柄について質問させることで、宮城県の特産物や郷土料理への理解が深まるようにする。 ・地域の特徴が顕著に表れる『お雑煮』の比較も行わせることで、両県の食文化の違いをいっそう明確にする。 ・特産物や郷土料理が、それぞれの地域の気候や風土に根ざして作られてきたことや、わたしたちの食生活を豊かにしていることをおさえ、改めて地域の良さやそこに住む人びとの工夫を感じ取れるようにする。 ・自己評価を行わせ、感想をまとめさせる。	【食育の視点】 　食文化 【評価基準】 A：十分満足できる 伝えたいことがよりよく相手に伝わるように話し方を工夫し、コミュニケーションを図りながら交流を深めている。お互いの地域の魅力を発見し、わかったことや思ったことをメモしている。 B：おおむね満足できる 伝えたいことがよりよく相手に伝わるように、話し方を工夫している。話を聞いてメモを取り、お互いの地域への関心を高めている。 C：児童への支援 メモの取り方などを個別に指導し、意欲を引き出す。 【評価方法】 ・発表 ・ワークシート

◆ 授業で使用したワークシート

兵庫県の特産物を使用した食べ物

(名　前)

紹介する料理： （例）明石焼き
（明石市）

調理法や食べ方：
（例）明石焼き
・だしにつけて食べる。ソースをつけてから、だしにつける人もいる。

兵庫県の特産物：

特徴：
・特産物の特徴
　（例）明石のたこは立って歩く？！
・名前の由来、料理が生まれた理由
　（例）なぜ、くぎ煮という名前になったのか。
・漁獲量全国〇位
・いつとれるのか。（旬の時期）

地域との関係：
・どのようしてとるのか。
・その場所でなぜとれるのか。（地形・気候との関係）

おすすめの一言：（キャッチコピー・食べた感想）
キャッチコピー：

食べた感想：

地域の紹介：
・特産物のとれる市を紹介する。（有名な場所、施設など）

小学4年

発表原こう（発表グループ用）

①特産物クイズ
・ぼくたちのグループの考えたキャッチコピーは
　[　　　　　　　　　　　　　　　　　　　　　　　]です。
　まずはじめに、この料理に使われている特産物を当ててください。ヒントを3つ言うので分かったら手をあげてください。

・ヒント①：

　ヒント②：

　ヒント③：
　さて、この特産物は何でしょう。（　　　　　　　）、正解です。

②特徴・地域との関係
・兵庫県は（　　　　　　）の漁獲量（生産量）全国〇位です。
　[特産物の特徴や地域の特徴]

③料理の紹介
・兵庫県では、（　　　　　）を使った（　　　　　　　　）という料理があり、
　[食べた感想]
　　　　　　　　　　　　　　　　　　　　　　　　　　　　　　　です。

④地域の紹介
・（　　　　　　）がよくとれる（食べられる）（　　　　　）には、（　　　　　　）があって
　[地域の紹介]
　　　　　　　　　　　　　　　　　　　　　　　　　　　　　　　です。
　これで、発表を終わります。

5年生・国語

担任(T1)

[兵庫県南あわじ市立榎列小学校・実践例]

「熟語『塩梅(あんばい)』から食文化をみつめて」
〜漢字の読み方と使い方

> 漢字はそれ自体に意味をもっていますが，時代とともに漢字の読み方や使い方が変わってきました。「塩梅」もその一つです。この学習をきっかけに，漢字の語源や由来に興味をもたせることができます。

◆ 授業のポイント

　子どもたちは「塩梅」の意味を推測したり文脈から同じ意味をもつ熟語（類語）を考えたりすることで，言葉が変化することや一つの漢字が多様な使われ方をすることに気づきます。また，「塩かげん」「さじかげん」の言葉から日本人が大切にしてきた味覚や調理方法など，日本の食文化に興味・関心を広げさせることができます。

◆ 本時の目標

　漢字や言葉が時代とともに変化してきたことに気づかせ，文脈から同じ意味の熟語（類語）を考えることで漢字学習への興味・関心をもたせる。

◆ 食育の視点　【食文化】

　食に関する言葉から，日本人が大切にしてきた味覚や調理方法を知り，日本の食文化に興味をもたせる。

◆ 指導計画　（全3時間・本時3時間目）

1時間目：言葉による漢字の読み方の違いを確かめ，熟語を作る。
2時間目：特別な読み方をする言葉があることを理解する。
3時間目：漢字や言葉が生活と結び付いていることに気づく。

◆ 授業の流れ　（※指導案「展開」は62p）

1　熟語「塩梅」について考える。
（1）「塩梅」の読み方と意味を考える。

○熟語カードを提示した後，汁物をおいしく食している人の絵カードを提示する。

　読み方「エンバイ」「しおうめ」／意味「塩と梅のこと」「塩に漬けた梅」「しょっぱい梅」
（2）「塩梅」について知る。

○昔は「エンバイ」と読んでいたが，時代とともに「アンバイ」と読むようになり，案配（按排・按配）と混同して用いられることを知らせる。

　「おばあちゃんが『いいアンバイ』と言っていたのを思い出した」
2　言葉「アンバイ」のさまざまな使い方を考える。

○イラストや文脈を手がかりに，同じ意味をもつ熟語を考えさせる。

　「体のアンバイがよくない」→「具合・調子・加減」
3　「塩かげん・さじかげん」について栄養教諭のメッセージを聞いて，感想を書く。

○国語辞典で「アンバイ」を引き，意味を確認させた後，食に関する言葉の話をする。

【栄養教諭のメッセージ】「塩は味の中心になるものです。料理には『ひとつまみ』『少々』などの言葉がありますが，微妙なさじかげんが味の差につながります。だしをきかせて，できるだけ塩分をとり過ぎないように心がけましょう」
【児童の感想】「昔と現在とで漢字の意味や読み方が変わっていることについて不思議に思った。ほかにも変化した漢字がないか調べてみたい」「4年生で『青菜に塩』を習った。ほかにも塩に関係する言葉はないか調べよう」「『塩かげん』が味を決めるのか。塩って大事なんだな」「最近テレビで『減塩』って言葉をよく聞くよ」

◆ 授業の板書

◆ 応用できます！

・「チャレンジ！おにぎり作り」で保存性など，塩のはたらきを考える。【5年生・総合】
・塩分に着目し，生活習慣病の予防やおやつの食べ方について考える。【6年生・保健】

◆ 本時の展開　（学習指導案より）

児童の活動	指導上の留意点	準備物等
1　熟語「塩梅」について考える。 〇読み方と意味を考える。 　・エンバイ 　・うめしお 　・しょっぱい梅 〇「塩梅」について知る。	・読みや意味だけでなくそのように考えた理由も発表させる。 ・昔は「エンバイ」と読んでいたが、時代とともに「アンバイ」と読むようになったことを押さえる。	漢字カード「塩梅」 イラストカード
2　言葉「アンバイ」のさまざまな使い方を考える。 ①　体のアンバイがよくない。 　　具合、調子、加減 ②　湯がいいアンバイだ。 　　具合、加減	・イラストや文脈を手がかりに、同じ意味をもつ類語を考えさせる。 ・類語を発表させた後、国語辞典で「アンバイ」を引き意味を確認させる。味加減という言葉から、食の話題を提示する。	ワークシート イラストカード
3　栄養教諭のメッセージを聞く。 　塩は味の中心。「ひとつまみ」「少々」などが微妙な味の差につながる。だしをきかせて塩分をひかえましょう。 4　授業を振り返る。	・「さじかげん」「塩加減」から調理に使う言葉を思い出させる。 　　＜小さじ１、ひとつまみ、少々＞ ・だしを大切にする和食の良さに気づかせる。 ・授業の感想をワークシートに書かせ、交流させる。 ・家庭科で「おにぎり・みそ汁作り」をすることを伝える。	・ＴＶ（栄養教諭の写真） ・栄養教諭からのメッセージ ・イラストカード ワークシート

◆ 授業で使用したワークシート

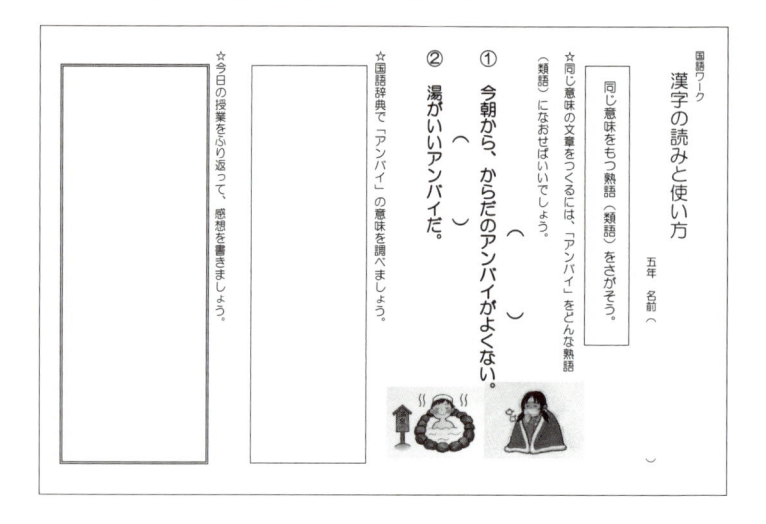

国語ワーク
漢字の読みと使い方
　　　　　　　五年　名前（　　）

☆同じ意味をもつ熟語《類語》をさがそう。
同じ意味の文章をつくるには、「アンバイ」をどんな熟語（類語）になおせばいいでしょう。

①　今朝から、からだのアンバイがよくない。
（　　　）
②　湯がいいアンバイだ。
（　　　）

☆国語辞典で「アンバイ」の意味を調べましょう。

☆今日の授業をふり返って、感想を書きましょう。

授業のヒント

漢字を通して食文化に関心を広げる

　漢字を学ぶことが食育になる。読者の皆さんは，きっと驚かれたことと思います。漢字の書き方を学ぶだけでなく，その由来まで学ぶことができれば，食育の内容を実現できるようになるのです。漢字を通して食文化の内容に気づかせることができるのです。

　本事例は，国語での食育の可能性（食感を表す言葉や数え方などがそれに当たります）の一つの典型ともいえます。「塩梅」のように，時代とともに言葉が変化するように漢字の読み方や使い方が変わってきました。

　子どもたちに，漢字の語源や由来に興味をもたせることで，漢字を通して食文化に関心を広げていくことができます。しかも，本事例で確認できる学びとして，「塩梅」をめぐって子どもたちの意識が自然に深まっていく展開は，授業づくりとは何かを考える上で，優れた材料となります。

　子どもたちの学習対象への意識が高まってきた時を見計らって，登場する栄養教諭のメッセージも注目すべき点でしょう。栄養教諭の登場のタイミングと，語る内容も大いに参考になります。

THE 子どもの生態

一瞬止まるように視線を送ろう

　授業で子どもたちを見ることはとても大切です。ところが，先生が子どもを漠然と見ていて，眺めているだけの状態があります。これでは，子どもから見れば，先生の視線が自分の上を通り過ぎているだけです。「自分のことを見てくれている」とは思いません。ざわざわし始めることにもつながります。視線が一定の速度で流れているのではなく，子どもたちの所で一瞬止まるようにして見てみましょう。クラス全体を見るときには，平仮名の「の」の字を描くように子どもを見ていくようにします。気になる子がいれば，視線を送って，笑顔でそっとうなずくのです。教師がいつも自分を見てくれている，見守ってくれていると感じていれば，子どもたちの集中力は切れなくなります。

5年生・社会

担任（T1）／栄養教諭（T2）＋
ゲストティーチャー（GT）

[兵庫県篠山市立城東小学校・実践例]

「国産と外国産, どちらの豆腐を買いますか？」

～わたしたちの食生活と食料生産

「豆腐を買うなら，国産の大豆か外国産の大豆か」を選択する場面で，実際に両方の豆腐を試食して，味の違いも比べさせ，どちらの豆腐を選択するかを体験を通じて考えます。

◆ 授業のポイント

　身近な食材である豆腐（国産と外国産の大豆）を社会科の授業に活用することにより，食料自給率の低下や，食料輸入の問題への関心を深めるとともに，日本の食料生産について，どんなことに力を入れていけばよいかを考える授業です。また，自分の食生活を振り返らせ，食べ物を選択することの大切さに気づかせたり，その意欲をもたせたりすることもできます。

◆ 本時の目標

　消費者の立場に立って国産・外国産のどちらの農産物を買うのかを話し合ったり，食料生産を増やす方法を考えたりすることによって，これからの日本の食料生産について考えることができる。

◆ 食育の視点　【食品を選択する能力】

　食料自給率を高めるためにどうすればよいか考え，自分ができること（食べ物の選択など）を実践しようとする意欲をもつことができる。

◆ 指導計画　（全5時間・本時5時間目）

1時間目：主な食料の輸入先と輸入量の資料から日本の食料生産や食料輸入に関心をもつ。
2時間目：主な食料の自給率の移り変わりを調べ，食料輸入が増えている理由を考える。
3時間目：新聞やニュースから食品の安全や環境などの問題について関心をもつ。
4時間目：国内の食料生産に携わっている人びとの取り組みや努力について調べる。
5時間目：これからの日本の食料生産について考える。

◆ 授業の流れ　（※指導案「展開」は 66 〜 67p）

1　消費者の立場になり，国産・外国産のどちらの豆腐を買うのかについて話し合う。

（1）自分が選んだ方の理由を発表したり，友達の理由を聞いて質問したりする。

【国産派】「安心，安全である（外国産は農薬が使われている）」「社会の教科書の写真で大豆の輸入の様子が汚い」「食料自給率を上げないといけない」「国産の方がおいしいと思う」

【外国産派】「値段が安い」「量も多い」「国産のものと味が変わらないのではないか」「大豆以外でも外国産のものをよく食べている」

○赤【外国産】，白【国産】のカードで，話し合いの前と終わりに自分の立場を意思表示させる。
○味についての意見が出たときに，国産と外国産の豆腐を試食し，味を比べさせる。

（2）栄養教諭に給食で使われている豆腐の話を聞く。

○給食の豆腐に使われている大豆は，外国産（カナダ）である。安心・安全な給食のために国産を使いたいが，値段が高くて，生産量も少ないので国産が使えないことを伝える。

2　私たちが，国産の農産物をもっと買ったり作ったりするようになる方法を考える。

「田畑を増やしたり，大型機械を使ったりする」「国産でも値段の安いものを作る」「働く人（跡継ぎ）を増やす」「都会の人が田舎で農業できるようにする」

3　日本の食料自給力を高めるためにどうしていけばよいか，ゲストティーチャー（大学教授）の話を聞いて感想を書く。

「食料自給率を上げるために国産を食べていきたい」「将来も黒豆を食べるには，黒豆を作り続けることが大切だとわかった」

○国産の大豆の方が外国産よりも安心・安全なわけと，地産地消の良さ（篠山の黒豆の種を引き継ぐことの大切さ）の話を聞き，自分の食生活や家の農業について振り返らせる。

◆ 授業の板書

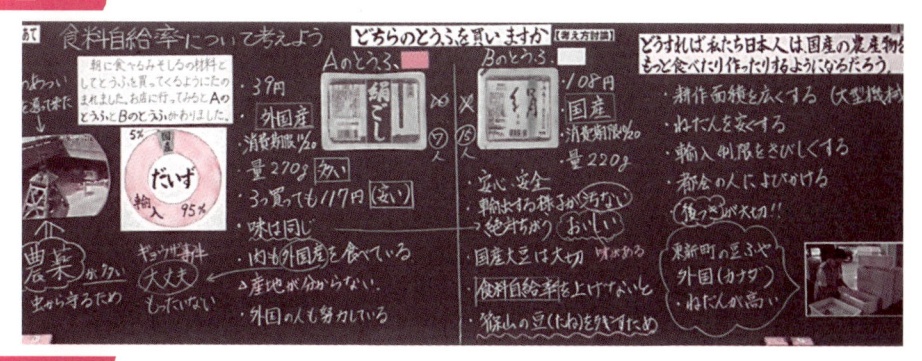

◆ 応用できます！

・「品物の買い方を考えよう」の学習で，国内で作られているものの良さや外国産の問題点を考えながら買い物をする。【家庭】
・食べ物への感謝の心をもち，買い物や調理を工夫し，残さず食べることを理解する。【総合】

◆ 本時の展開　（学習指導案より）

学　習　活　動	・教師の手立て　　○評価
1　学習のめあてを知る。	・日本の食料自給率について考えていくことを伝える。

> どちらのとうふを買いますか

2　消費者の立場になり、国産・外国産のどちらのとうふを買うのかについて話し合う。 ○国産・外国産の2種類のとうふを価格表示とパッケージから選ぶ。 ○自分の考えやその根拠をワークシートに記入し、国産派・外国産派の二つの立場に分かれ、どちらのとうふを買うのか話し合う。 　国産派 　・（値段が高いが）おいしそう 　・日本のものが使われているので安心である 　・外国産はどこで作ったかわからないので心配 　・農薬がたくさん使われているかもしれない 　・輸入しすぎると自給率が下がる 　・農家の人が喜んでくれる 　外国産派 　・値段が安い 　・国産のものと味が変わらないのではないか 　・いつも食べている ○2種類のとうふを食べ比べ、感想を発表する。 ○給食はどちらのとうふを使っているのか栄養教諭（T2）の話を聞く。	・おつかいでとうふを買いに行った場面を設定し、児童に興味をもたせる。 ・国産、外国産については児童に知らせず、値段やパッケージから考えさせる。 ・どの子も考えやその根拠をもって発言できるようにワークシートに記入してから話し合いに参加させる。 ・国産派、外国産派といった立場から話し合うことにより、食に関する考えを深めさせる。 ・大豆の輸入の写真や大豆の円グラフなども参考にしながら話し合いを進める。 T2：児童の発言を板書する。 　　　国産派、外国産派どちらかに人数が偏った場合、少ない人数の方の意見を出し、話し合いを活発化させる。 ○農産物の輸入がもたらす問題点などを考えながら消費者の立場に立ち、国産派、外国産派からの考えをもつことができる。（記述・発言） ・いつも食べている給食について話を聞くことによって、より身近なものとしてとらえさせる。

> どうすれば私たち日本人は、国産の農産物を、もっと買ったり作ったりするようになるだろう。

3　自給力を高めるためにどうすればよいか考える。 ○食料生産を増やすにはどうすればよいか発表する。	・食料自給率のグラフを提示し、日本の食料生産について考えさせる。

・田畑を増やす ・安いものを作る ・働く人を増やす ・技術を高める	・前時で学習した食料自給率の低下の問題や食料輸入の問題についても触れながら食料生産について考えさせる。
4　本時のまとめをする。 ○今後の日本の食料自給力を高めるためにどうしていけばいいかや、本時の感想についてゲストティーチャーからの話を聞く。 ○本時の自分の考えや思ったこと、わかったことなど感想を書き発表する。	○これからの食料生産について関心をもち、食料自給力を高めるためにはどうすればよいか考えることができる。（発言）

小学5年

◆ 授業で使用したワークシート

社会科「食料生産をささえる」

5年　名前（　　　　　　　　　　　）

どちらのとうふ買いますか

朝に食べるみそしるの材料としてとうふを買ってくるようにたのまれました。お店に行ってみるとAのとうふとBのとうふがありました。あなたならどちらのとうふを買いますか？

私は、（　とうふA　・　とうふB　）を買います。

とうふA　　　　　　　　とうふB

（　　　）産　　　　　　（　　　）産

どうすれば私たち日本人は、国産の農産物を、もっと買ったり作ったりするようになるだろう。

今日の授業をもとに、自分の考えや思い、わかったことを書きましょう。

5年生・算数

担任(T1)

[高知県吾川郡いの町立川内小学校・実践例]

「切り干し大根は生のダイコンの何％？」

～切り干し大根で割合

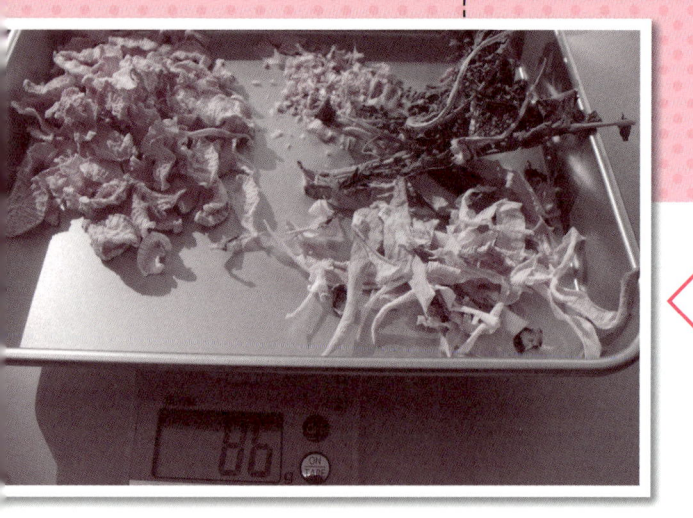

> カラカラに乾いた切り干し大根，「いったい，生のダイコンの何％になっているんだろう？」。算数で学習した「割合」を活用して，計算してみます。保存食のすごさを数字で体感し，伝承されてきた食文化の素晴らしさを学びます。

◆ 授業のポイント

　乾物は食品中の水分を飛ばすことで，食品の腐敗を抑えるという素朴ながら知恵の詰まった保存食品です。切って干すだけというシンプルな加工で，保存性も栄養価も高まる切り干し大根は，食育の素材としてもってこいです。算数で学習した割合の計算を使って，切り干し大根が生のダイコンのどれくらいの重量になったのかを明らかにすることで，野菜の水分量を数値として捉え，科学的に裏打ちされた保存食品の素晴らしさを体験を通して考えることができます。

◆ 本時の目標

　切り干し大根の重量が生のダイコンの重量の何％になるかを求めることで，生のダイコンの水分量を知り，切り干し大根をはじめとした，保存食品の素晴らしさについて考えることができる。

◆ 食育の視点　【食文化】

　伝承されてきた保存食品の素晴らしさの科学的根拠を捉え，自分の食生活の中に積極的に取り入れようとする態度を育てる。

◆ 指導計画　（全2時間）

1時間目：切り干し大根が生のダイコンの何％になるか予想し，切り干し大根を作る。
2時間目：切り干し大根の重量を調べ，割合を計算し，保存食品について考える。

◆ 授業の流れ　（※指導案「展開」は70p）

1　重さを予想する。

（1）生のダイコンの重さを量り，切り干し大根が生のダイコンの何％になるか予想し，切り干し大根がどれくらいの重さになるか考える。

　「生のダイコンは1,020ｇ！約１kg」「20％なら200ｇになる」「30％なら300ｇになる」「そんなに減るわけがない！50％にする」

【予想】75％…１人　60％…１人　50％…３人　48％…２人　45％…２人　40％…３人

> ○切り干し大根の重さは「比べられる量」であり，生のダイコンの重さは「もとにする量」になることを確認し，割合や切り干し大根の予想の重さを求める。

（2）切り干し大根を作る。
①ダイコンの葉の部分を切り，ピーラーで全体の皮をむく。
②作業班の数にダイコンを切り，それぞれを半月切りやいちょう切りにする。
③切ったダイコンを重ならないようにザルに並べて干す。（皮や葉の部分も）
④全体が乾きやすいように，時々天地返しをする。

2　出来上がった切り干し大根の重さを量り，生のダイコンに対する割合を求める。

・切り干し大根は86ｇ
・比べられる量÷もとにする量だから，86÷1020＝0.084…
・約８％になった

3　はじめに予想した割合と実際の割合を比べ，感想を書く。

　「ダイコンは92％が水分だったので，すごいです」「切り干し大根は水分が少なくなったから腐らないので便利だと思いました」「予想より，水分の割合が多くてびっくりしました。92％も水分だったので，ダイコンはほとんどが水分ということがわかりました」

◆ 授業の板書

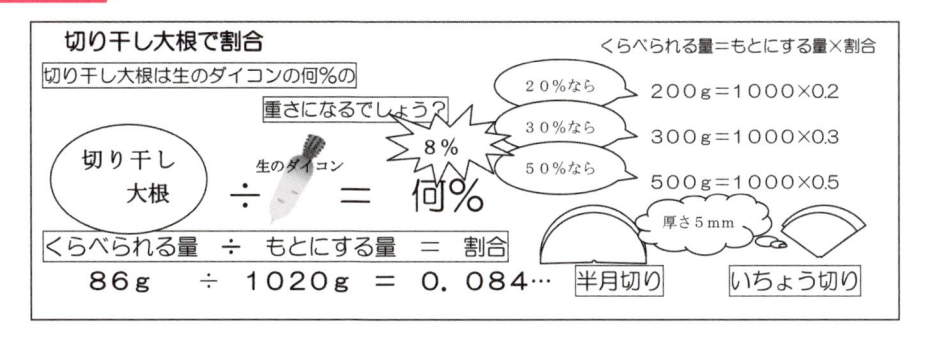

◆ 応用できます！

・「昔の生活から学ぼう」の学習で，食べ物を長持ちさせる工夫や保存食について調べる。
【3年生・社会】
・ゆで野菜の調理で，総重量と調理後の廃棄量を量り，廃棄率を調べる。【6年生・家庭】

◆ 本時の展開　（学習指導案より）

学　習　活　動	教師の支援
1　今日の学習のねらいを知る。 　　　　切り干し大根は生のダイコンの何%の重さになるでしょう。 2　生のダイコンの重さを量り、切り干し大根が生のダイコンの何%になるか予想する。 　　切り干し大根　÷　生のダイコン　＝　何%？ 　　くらべられる量　÷　もとにする量　＝　割合 3　切り干し大根を作る。 【作り方】 ①ダイコンの葉の部分を切り、ピーラーで全体の皮をむく。 ②作業班の数にダイコンを切り、それぞれを半月切りやいちょう切りにする。 ③切ったダイコンを重ならないようにザルに並べて干す。 　（皮や葉の部分もいっしょに干す） ④全体が乾きやすいように、時々天地返しをする。 　※天気が良ければ、3日間くらいで干し上がる。	・量った生のダイコンの重さが「もとにする量」になり、切り干し大根の重さが「比べられる量」になることを確認し、割合や切り干し大根の重さを予想させる。 ・予想と結果を対比できるようにワークシートに記入させておく。 ・家庭科で学習した野菜の切り方を復習し、ダイコンの大きさに合わせて、半月切りやいちょう切りにすることを確認する。

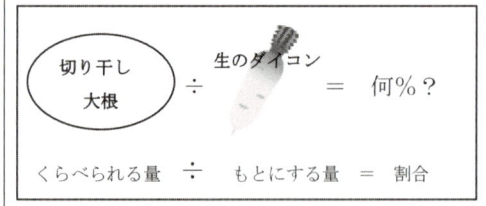

◆ 授業で使用したワークシート

切り干し大根で割合！
5年（　　　　　）

切り干し大根を作ります。
切り干し大根は生のダイコンの何%の重さになるでしょう？

生のダイコンの重さ　　　　　g　（　月　　日）

予想
　　　　　　　　　　　%になる。

切り干し大根の重さ　　　　　g　（　月　　日）

結果
　　　　　　　　　　　%になる。

授業のヒント

算数で食育を実現させるには

　食育が教科・領域等で実現できるかどうかは，目標・内容・教材の各レベルで吟味することになります。

　食育との親和性を考えたときに，算数や音楽，図画工作は，教材のレベルで食育が実現できます。教材として，食に関わるものを取り上げることで，食育が可能となるのです。

　もちろん前提として，目標や内容レベルでの親和性が高い家庭科や保健領域，社会科，理科などで年間計画に位置付けて，ここでしっかりと食育を実践することが大切です。

　教材レベルでの食育の実践をおすすめするものではありません。

　それでも，本事例を目にしたとき，算数での学びが，保存食の素晴らしさを科学的な根拠を用いて説明する時間となっていることに，皆さんは，「なるほど，そうかぁ」と思われたことでしょう。

　ここでは見事に算数と食育が互恵的な関係をもって成立しています。その足場が乾物の知恵という豊かな教材の構造に感心するばかりです。

　算数で食育を実現する。この難問に挑戦した，素晴らしい事例です。

THE 子どもの生態　繰り返すことの安心感

　子どもは好奇心旺盛で，新しいことが好きです。その一方で，決まったことを繰り返すことも好きです。遊ぶ姿を見ていると，毎日同じ遊びを繰り返しています。約束事が決まっているから遊びに没頭できるのです。これを授業に置き換えてみましょう。授業のたびに，学び方の方法を変えていないでしょうか。発表の仕方や学習形態の用い方，ワークシートでの整理など学習活動が毎回変わってしまっては子どもたちは集中できません。また，ネコの目のように次々と資料を提示する状況も同じことです。子どもたちは目まぐるしく変わるルールを追いかけるのに必死になり，内容の深まりがない学習になります。授業の上手な先生は，教科は変わっても，学び方は共通にしています。

5年生・家庭

担任（T1）

[兵庫県加古川市立東神吉小学校・実践例]

「おいしく野菜を食べよう」
～はじめてみようクッキング

> 毎日食べると良いとされる野菜の量は、350グラム。こんなにたくさんの野菜も、「ゆでる」とかさが減るとともに、軟らかくなり食べやすくなります。野菜を毎日食べるための調理の工夫を学びます。

◆ 授業のポイント

　給食の献立を活用すると、毎日たくさんの野菜を食べていると気づくことができます。野菜を食べる大切さを話し合い、生のほうれん草とゆでたほうれん草を比較させると「ゆでる」良さを理解させることができます。この体験活動を通して、野菜を食べやすく調理する工夫を知り、調理実習に関心をもたせることができます。

◆ 本時の目標

　野菜を毎日食べることの大切さと、「ゆでる」調理方法の良さについて理解することができる。

◆ 食育の視点　　【心身の健康】

　野菜を食べるということが、健康にとって大切であることに気づくことができる。

◆ 指導計画　　（全8時間・本時3時間目）

1時間目：調理に必要な用具とその使い方を知り、調理手順を確認する。
2時間目：きゅうり1本をいろいろな切り方で切り、包丁の使い方を理解する。
3時間目：野菜を毎日食べることの大切さと、「ゆでる」調理方法の良さについて理解する。
4・5時間目：野菜サラダの計画を立てる。
6・7時間目：計画に従って、野菜サラダを作る。
8時間目：家庭で作った野菜サラダについて、工夫や感想を発表し合う。

◆ 授業の流れ　（※指導案「展開」は74p）

1　給食の献立にはどんな野菜が使われているか調べる。

「いろいろな種類の野菜が使われている」「毎日たくさんの野菜が使われている」

○グループごとに数枚の野菜カードを配り，その野菜が献立の中で使われているかを調べ，毎日たくさんの野菜が使われていることに気づかせる。

2　野菜を食べると，どんな良いことがあるかを考える。

「体の調子を整えてくれる」「風邪をひきにくくなる」

○幼いころから家の人に言われていることなど，経験から知っていることを発表し，野菜を食べると健康に良いことがたくさんあることに気づかせる。

3　毎日食べると良いとされる野菜の量について知る。

○いろいろな種類の野菜を生の状態で，350gを盛り付けて提示する。

「こんなにたくさんの量を毎日食べるなんて無理」

4　「ゆでる」という調理方法の良さについて考え，ゆで方を理解する。

「ゆでると軟らかくなる」「食中毒をなくす」「かさが減る」

○実際に，ほうれん草の調理方法を説明しながらゆでて見せる。また，ゆでたものと生のほうれん草（サラダ用）を配り，試食させて違いについて考えさせる。

「ゆでると色が濃くなった」「苦みが減った」

5　野菜を食べる良さと，「ゆでる」ことの良さについてまとめる。

「こんなに野菜にいいところがあるなんて驚いた。意識して食べようと思う」

◆ 授業の板書

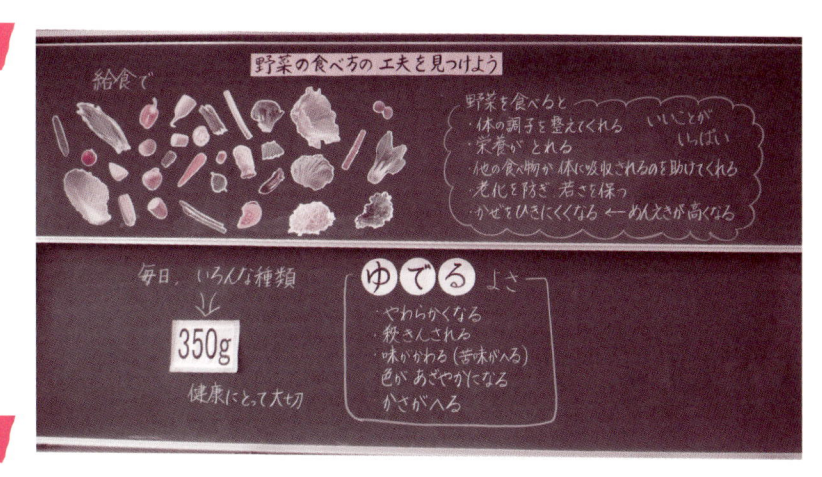

◆ 応用できます！

「病気の予防」の学習で，生活習慣病を予防するために，望ましい食習慣を身につける必要があることを理解する。【6年生・保健】

◆ 本時の展開　（学習指導案より）

学習活動	指導上の留意点	評価基準・評価方法
1．本時の学習課題を確かめる。	・普段の食生活を振り返り、野菜の栄養価を意識して食べていないことに気づかせる。	【食育の視点】 心身の健康
野菜を食べる工夫を見つけよう		
2．野菜の栄養について考える。 ・なぜ、野菜を食べなければいけないのか、その理由を考える。 　体の調子を整える。 　便秘にならない。 　栄養がある。 ・野菜の栄養と1日の必要摂取量を知る。 　1日に350ｇ食べよう。 ・給食の献立表の中から、野菜をどのように調理しているか調べる。	・野菜を食べる必要性に気づかせるために、今までに食事の際に言われてきたことや聞いてきた野菜の栄養について、知っていることを出させる。 ・「ゆでる」という調理法の良さに目を向けさせるために、1日の必要摂取量を生野菜で実際に見せることで、生で食べるのが困難であることに気づかせる。 ・給食は栄養を考えた献立になっていることを再確認するために、野菜が毎日いろんな形で給食に出ていることを押さえる。また、生で食べるだけでなく、調理することで幅が広がることに気づかせる。 ・サラダ料理に絞って、「ゆでる」という調理方法に目を向けさせるとともに、数種類の野菜が組み合わせてあることに気づかせる。	【評価基準】 A：十分満足できる ・野菜を毎日食べることの大切さと、「ゆでる」調理方法の良さについて、十分に理解している。 B：概ね満足できる ・野菜に関心を持ち、「ゆでる」調理方法の良さについて理解しようとしている。 C：児童への支援 ・掲示物や実物を示し、「ゆでる」調理方法の良さについて考えさせる。
3．ゆでる良さについて考える。 ・野菜を「ゆでる」と良い点を考える。 ・ほうれん草の生とゆでた物との違いを観察したり、試食したりする。 　かさが減るので、たくさん食べられる。 　色鮮やかになる。 　やわらかくなり、食べやすくなる。 　あくが減る。 　殺菌される。	・家族が調理している様子を思い出させ、「ゆでる」調理方法の良さを考えさせる。 ・実際にゆでるところを見せることで、かさが減るとともに色が変わることを実感させ、ゆで方の手順を押さえる。 ・ゆでる良さがたくさんあることに気づかせるために、食べ比べさせ、見た目だけでなく、味やにおいの違いも実感させる。	【評価方法】 発言、ワークシート
4．学習のまとめをする。	・今日の学習でわかったことをまとめながら、健康のことを考えて、毎日野菜を食べることの大切さを押さえる。	

※ほうれん草にはシュウ酸が含まれているため，生で食べる場合は，生食用の品種を選ぶこと。

◆ 授業で使用したワークシート

家庭科　　　野菜をおいしく食べよう
　　　　　　　　　　　　　　名前
今日の課題
　　　野菜の食べ方の工夫を見つけよう

☆野菜を食べると　　　　　☆○○○とよいところ
　　　　　　　　いっぱい
　　　　　　　　おいしく
　　　　　　　　食べるには
　　　　　　　　　⇒
　　　　　　　　○○○

☆今日の学習でわかったこと・思ったこと

授業のヒント

食育実践における家庭科の役割

　学校における食育では，家庭科の担う役割は極めて大きいといえます。

　家庭科には，目標レベルでの食育との親和性の高さがあります。従って学習指導要領に即した指導を一層充実させるとともに，食事を含めた生活全体の指導にも力を入れていく必要があります。

　本事例では，学校給食の献立をもとに学習を引き起こし，野菜の良さと「ゆでる」利点について取り上げています。

　ゆでることによって，野菜は生食に比べてかさが減り，多くの量を食べることができるなど，調理の特性にも気づくことができるように構造化されています。

　その際に，実際にほうれん草をゆでることで，子どもたちに実感させるようにしています。これらの学習を通して，学習したことを生かし，作ってみたいという実践的な態度を高めることができるものと考えます。

　栄養教諭や学校栄養職員が配置されない学校の場合には，学校給食に加えて家庭科を中核として，全教育活動を通じて食に関する指導を充実させることが必要となることも，付け加えておきたいと思います。

小学5年

5年生・総合的な学習の時間

担任(T1)／担任(T2)

[兵庫県篠山市立城東小学校・実践例]

「おにぎりコンテスト」

「私たちのグループは，ゆかり，たくあん，サケ，梅昆布，カツオ節，じゃこピーマンの6つの味が楽しめるようにしました。それを星形に並べ，見た目も美しく仕上げました」。グループごとにオリジナルのおにぎりを作ることで実践力を育みます。

◆ 授業のポイント

　米作りでお世話になった地域の方を招いた「おにぎりコンテスト」を開催し，グループで協力して，知恵を出し合いながら楽しくおにぎりを作ります。自分でおにぎりを作る力が身につくだけでなく，おにぎりの良さ（持ち運びに便利，さまざまな具材と合う，いろいろな味が楽しめる）に気づくこともできます。

◆ 単元の目標

　栄養バランスや見た目など，グループで出し合ったアイデアをもとに，協力しておにぎりを作ることができる。

◆ 食育の視点　【生活能力を磨く】

・食品の体内での働きがわかり，いろいろな食品を組み合わせて食べられるよう考える。
・栄養バランスや見た目，味に優れたおにぎりを考え，準備・片付け，簡単な調理なども含めて，アイデアを形にする実践力を育む。【判断力・実践力】

◆ 指導計画　（全7時間）

第1次：「おにぎりコンテスト」で作るおにぎりの計画を立てる。（1時間）
第2次：おにぎりを作る。（3時間）
第3次：「おにぎりコンテスト」を開催する。（3時間）

◆ 単元の流れ

1 「おにぎりコンテスト」で作るおにぎりの計画を立てる。

【コンテストの評価の観点】
①栄養バランス②和食であるか③見た目（彩り，形）④おいしさ⑤アピールの内容

【具について】「梅干しが入っていると傷みにくいと聞いたから，持ち運ぶのにいいね」「一つのおにぎりでいろいろな栄養素がとれるように具を何種類か入れようよ」

【見た目について】「星形で6種類の味を楽しめるようにしよう」「昔ながらの三角形にしよう」

○コンテストの評価の観点を事前に伝え，そこを意識してグループごとにアイデアを考えさせる。

2 おにぎりを作る。

「味が混ざるから，具同士を少し離して入れよう」「時間がかかるから，役割分担を見直そう」「彩りが足りなかったから，おろしたにんじんを入れてご飯を炊いたらどうかな」

○1回目のおにぎり作りの反省を踏まえて，おにぎりのレシピを見直す。

3 「おにぎりコンテスト」を開催する。

（1）おにぎりを作る。
（2）グループごとにアピールポイントを発表する。
（3）審査・結果発表をする。
（4）本時の学習を振り返る。
「最優秀賞はとれなかったけど，グループで協力して満足できるおにぎりが作れてうれしかったです」

○グループごとに作ったおにぎりを審査員（地域の方）に食べていただき，最優秀おにぎりを決める。

◆ 授業の板書

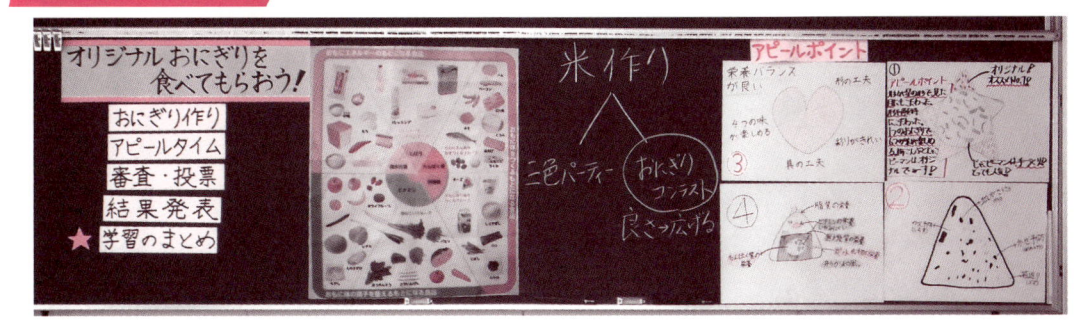

◆ 応用できます！

・「料理って楽しいね！おいしいね！」の学習で，お米の炊き方を学習する。【家庭】
・おにぎりにまつわる思い出を家族から聞き取り，家族愛について考える。【道徳】

◆ 本時の展開　（学習指導案：略案より）

学　習　内　容

本時のめあて
> イチオシ！オリジナルおにぎりを食べてもらおう！

1　各班でオリジナルのおにぎりを作ります。

> ☆前時にご飯を炊き、具の準備を子どもたちでしているので、本時はにぎるところから始めます。
> ☆各班、審査員5名分と自分の班員の分を作ります。

2　各班のアピールポイントを発表します。

> ☆各班で考えたアピールポイントを発表します。
> ・1つのおにぎりでいくつもの味が楽しめる。・栄養がバランスよくとれる。
> ・彩りがきれい。・手作りの具がおいしさのポイント。　　など。

3　審査員の方々に食べていただき、子どもたちも自分たちのおにぎりを食べて出来栄えを確認します。
　（ゲストティーチャー）
　　審査員の方々

> ・〇〇さん（田んぼを貸していただいた方）
> ・〇〇さん・〇〇さん（農業委員の方）
> ・〇〇さん・〇〇さん（更生保護女性会の方）

4　審査員の方に投票していただいた後、結果を発表し、講評をいただきます。

> ☆あらかじめ子どもたちにも以下の5つの評価基準を伝えています。
> 　①栄養バランスが良いか　②和食であるか　③見た目（彩り、形など）
> 　④おいしさ（米、具の食べ合わせなど）　⑤アピールの内容
> ☆審査員の方には、一番良いと思ったおにぎりに投票していただきます。
> ☆結果を発表した後、全体に向けて審査員の方に講評していただきます。

5　学習のまとめをします。

◆ 授業で使用したワークシート

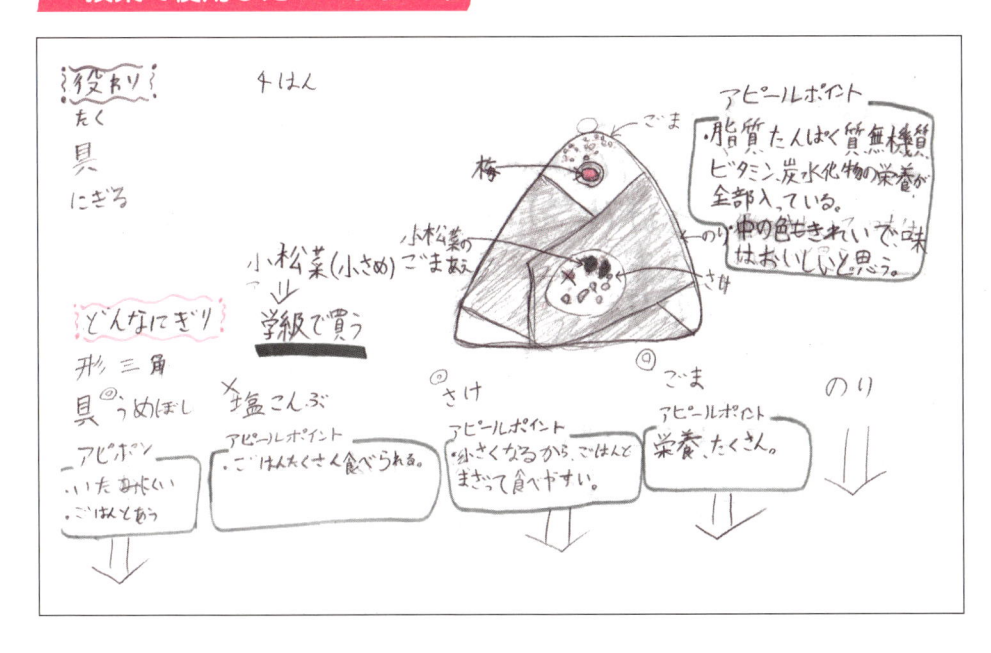

授業のヒント

協同的で，探求的な活動を導く

　総合的な学習の時間では，「探究」と「協同」がその前提となっています。

　本事例では，グループごとにおにぎりのレシピをPRする，審査員として地域の方に参加してもらう等，協同的な活動が取り入れられています。

　また，本事例では取り上げませんでしたが，レシピ作成に専門家や地域の方の力を借りるということも可能であり，より協同的な学びにつながります。

　一方で，「おにぎりコンテスト」という仕掛けが，問題解決が連続する探究的な活動を導き出しています。ゴールを明示し，評価の観点を示すことでおにぎり作りの工夫が生まれてきます。

　審査員に，子どもたちがお世話になった方を招くことで，相手意識をもたせている点も大変優れています。

　実は，おにぎりの評価規準を意識しながらおにぎりを作ることは，結果として評価規準に示された栄養バランスや見た目などを考え，身につくことにつながるのです。

　授業における見事な仕掛けが発揮された事例です。それを支え，実践可能とさせたのが，おにぎりのもつ教材性です。

6年生・社会

担任（T1）

[兵庫県篠山市立城東小学校・実践例]

「世界・無形文化遺産『和食』」
~国際社会の中の日本

> 和食料理人の話やだしを味わう体験をもとに，昔から受け継がれてきた「和食」の文化を，これからも受け継いでいくために，自分でできることを考えます。

◆ 授業のポイント

「和食」は近年，ユネスコの無形文化遺産に登録され，国際社会からも注目を浴びることになりました。しかし，日本人の食生活は実際，「和食」を大切にして生活できているのか疑問な部分もあります。そこで，日本人の伝統的な食文化である「和食」に対する自分なりの展望をもてるように授業を構想しました。

◆ 本時の目標

「和食」を通して，今後の日本の役割について，自分なりの展望をもつことができる。

◆ 食育の視点　【食文化を継承する】

和食を大切にしていこうとする気持ちを育む。【洞察力】

◆ 指導計画　（全5時間・本時5時間目）

1時間目：わが国の経済が大きく発展したことと，その影響について考える。
2時間目：家庭電化製品を中心に，戦後の暮らしの変化を調べ，国民生活が豊かになったことを自分なりの言葉でまとめる。
3時間目：世界の主要国となった日本が，国際社会で果たすべき役割について捉える。
4時間目：戦後のわが国のあゆみをまとめ，わが国の役割について考え，自分の考えを深める。
5時間目：ユネスコ無形文化遺産の「和食」を通して，今後の日本の役割について，自分なりの展望をもつ。

◆ 授業の流れ　（※指導案「展開」は 82〜83p）

1　ユネスコの役割について知る。
2　和食がユネスコ無形文化遺産に認められた理由を和食の写真を見ながら考える。
　「栄養バランスがいいから」「世界の中でも和食を食べる人が増えたから」「おいしいから」「さまざまな調理方法があるから」「いろいろな調理の仕方があるから」

○和食の良さを見つめ直すとともに，これまでの学習を生かしながら考えさせる。

3　「和食」がユネスコ無形文化遺産に登録された理由を知る。

○和食を守り，伝えようとしていた人がいたことと，その取り組みについて知らせる。

4　和食料理人の話を聞き，「だし」を味わう。
　「魚のにおいがした」「うす味でおいしい」「とろーっとしている」

○「だし」について話を聞き，実際に味わうことで，登録された理由について考えを深めさせる。

5　「和食」を守り伝えていくために，自分たちにできることを考え，交流する。
　「自分たちでおいしい野菜を作る」「『和食』をたくさん食べる」「畑仕事の手伝いをする」「『和食』の店を開く」「これからは，地域の料理などにも関心をもつ」「和食の料理をたくさん作って，伝統を受け継ぐ」「家の農業の手伝いを進んでする」

○和食の素晴らしさを知った上で，これから自分たちがしていかなければならないことを考えさせる。

◆ 授業の板書

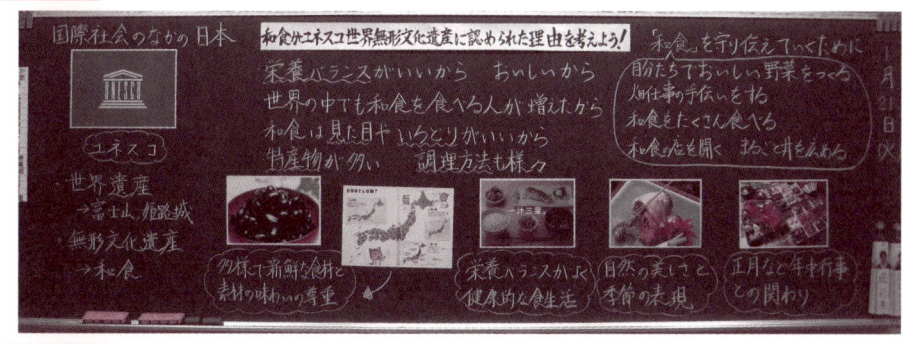

◆ 応用できます！

・米や魚，大豆，野菜など昔から日本で食べられてきた食品について調べる。【家庭】
・和食の調理に関心をもち，正しいだしのとり方を理解し，だしをとることができる。【家庭】

◆ 本時の展開　（学習指導案：略案より）

学　習　内　容

1　ユネスコについて知ります。

> 教育や文化の振興を通じて、戦争の悲劇を繰り返さないとの理念により設立の意義を定めたユネスコ憲章の前文には「戦争は人の心の中で生まれるものであるから、人の心の中に平和の砦を築かなければならない」との文言があり、設立の目的とその精神を顕著に表している。

2　本時の課題について考えます。

> **本時のめあて**
> 和食がユネスコ無形文化遺産に認められた理由を考えよう！

- ・栄養バランスがいいから。　　・おいしいから。
- ・世界の中でも和食を食べる人が増えたから。　　・和食は見た目がいいから。
- ○「和食」の良さをもう一度見つめ直すとともに、これまで学習してきた知識も生かしながら考えます。

3　ユネスコ無形文化遺産に登録された理由を知ります。

> **多様で新鮮な食材とその持ち味の尊重**
>
> 日本の国土は南北に長く、海、山、里と表情豊かな自然が広がっているため、各地で地域に根差した多様な食材が用いられています。また、素材の味わいを活かす調理技術・調理道具が発達しています。

> **栄養バランスに優れた健康的な食生活**
>
> 一汁三菜を基本とする日本の食事スタイルは理想的な栄養バランスと言われています。また、「うま味」を上手に使うことによって動物性油脂の少ない食生活を実現しており、日本人の長寿、肥満防止に役立っています。

> **自然の美しさや季節の移ろいの表現**
>
> 食事の場で、自然の美しさや四季の移ろいを表現することも特徴のひとつです。季節の花や葉などで料理を飾りつけたり、季節に合った調度品や器を利用したりして、季節感を楽しみます。
>
> **正月などの年中行事との密接な関わり**
>
> 日本の食文化は、年中行事と密接に関わって育まれてきました。自然の恵みである「食」を分け合い、食の時間を共にすることで、家族や地域の絆を深めてきました。
>
> 農林水産省　「日本食文化を、ユネスコ無形文化遺産に。」参照

○「和食」を守り、伝えようとしていた人がいたこととその取り組みについても知らせます。

4　「和食」を守り伝えていくために、必要なことを考えます。
　　・自分たちでおいしい野菜をつくる。　　・畑仕事の手伝いをする。
　　・「和食」をたくさん食べる。　　・和食の店を開く。　　・まるごと丼を広める。
　○「和食」のすばらしさを知ったあとで、これから自分たちがしていかなければならないことを考えさせます。

5　本時の感想を交流します。
　○本時の学習を振り返り、「和食」を守り伝えていくことの大切さを確認するとともに、自分たちの地域も「和食」を守っていくうえで、とても大切な地域であることに気づかせます。

◆ 授業で使用したワークシート

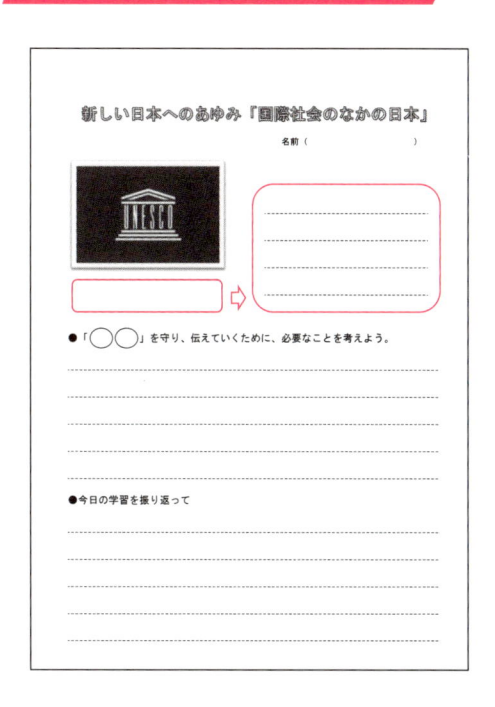

6年生・算数

担任(T1)(T2)

[兵庫県西脇市立重春小学校・実践例]

「砂糖の量の多い順に清涼飲料水を並べ替えよう」

～清涼飲料水との上手な付き合い方

> 「砂糖の量の多い順に清涼飲料水を並べ替えよう」と発問した場面で，「飲んでみないとわからない」という言葉を引き出し，実際に4種類のジュースを飲んで味の違いも比べさせ，感覚的に砂糖の量を予想させます。

◆ 授業のポイント

　子どもたちは毎日当たり前のように清涼飲料水を飲んでいます。しかし，砂糖の1日の摂取量は20gが適切であるにも関わらず，市販されている清涼飲料水は1本当たり20gを超えている商品が少なくありません。砂糖の過剰摂取とその危険性をただ単に知識として知るのではなく，実際に飲んだり，砂糖の量を算出したり，溶けている砂糖を可視化したりすることによって，自分と清涼飲料水との付き合い方を考えることができます。

◆ 本時の目標

　「割合」「比とその利用」「速さ」「比例と反比例」などの既習の知識・技能を活用して，清涼飲料水に含まれる砂糖の量を計算によって明らかにし，清涼飲料水との付き合い方を見つめ直すことができる。

◆ 食育の視点　【心身の健康】

　清涼飲料水に含まれる砂糖の量を明らかにすることによって，無自覚な自分の清涼飲料水との付き合い方を見直すことができる。

◆ 指導計画　（全1時間）

「比とその利用」：比の意味を理解し，それを用いて2量の割合を表すことができる。
「速　　　さ」：速さの意味を知って，速さ，道のり，時間を求めることができる。
「比例と反比例」：伴って変わる2つの数量の関係を使って問題解決ができる。
本　　　　時：既習を活用して問題を解決し，清涼飲料水との付き合い方を見つめ直す。

◆ 授業の流れ　　（※指導案「展開」は86p）

1　4種類の清涼飲料水の砂糖の量を予想する。
（1）一番砂糖の多い清涼飲料水に見当をつける。

○「この中で一番砂糖が多いのはどれかな？」と発問する。

「飲んでみたらわかる！」「実際に飲んでみたらわかるねんけどなぁ」
（2）実際にA～Dの4種類の清涼飲料水を飲んで，砂糖の多い順序を班ごとに予想する。

○温度が低いと甘さを感じにくいという新たな知識を与えてゆさぶる。

2　ヒントカードをめくって，既習の知識・技能を活用して考える。

○Aのヒント…500ml中54g，Bのヒント…100ml中10g，Cのヒント…Dの15分の11倍，Dのヒント…D：B＝6：5，をヒントとして伝える。

3　砂糖の量を実感する。

○1日20gが適切な砂糖の摂取量であることを伝え，無自覚な過剰摂取に気づかせる。

「さっき飲んだ清涼飲料水で，今日の砂糖全部とったかもしれない！」

○どれだけ，いつ，何を飲むのか，みんな一人ひとりに任せられていることを伝える。

4　学習のまとめを書く。

「今まで習ったことを使うことができた」「買ってきたら適当にごくごく飲んでいたけれど，あらためて勉強すると体にダメなことがわかりました。今度はしっかりと調節したいです」

◆ 授業の板書

◆ 応用できます！

・比をもとに混ぜて，ドレッシングを実際に作ってみよう。「ノンオイル」や「○g△カロリー」などの商品のキャッチコピーを取り上げると，おいしさと健康の両面を考える教材になる。【5年生・家庭】
・食事と運動のバランスの大切さについて考え，日常生活に生かす。【保健】

小学6年

◆ 本時の展開　（学習指導案より）

学習活動	・支援　□個別の支援　☆評価(方法)
1　4種類の飲料に含まれる砂糖の多い順を予想する。【考えをもつ】	□全員の学習の準備・姿勢が整っているかどうか確認してから始める。 ・商品名は隠してＡ・Ｂ・Ｃ・Ｄと4種類の500mlペットボトルを児童に提示する。500mlペットボトルを見せることによって、「500ml1本あたり」を自然と考えさせるようにする。 ・「砂糖の量の多い順に並べ替えよう」と発問することによって、「飲んでみたい！」という児童の言葉を引き出す。 ・4種類の清涼飲料水を飲んで、班で味覚を頼りに情報交換をしながら、砂糖の多い順を予想する。 ・砂糖は温度が低いと甘く感じないことを伝え、「本当かな？」とゆさぶる。
2　砂糖の含有量に関する情報を得る。 Ａのヒント　500ml中 54g Ｂのヒント　100ml中 10g Ｃのヒント　Ｄの $\frac{11}{15}$ 倍 Ｄのヒント　Ｄ：Ｂ＝6：5 ハズレ　ハズレ	・実際に「何ｇの砂糖が入っていそう？」と尋ね、児童の量感覚を確認することによって、学習のまとめ段階での驚きを大きくさせる。 ・ヒントカード6枚(4枚は必要な情報、2枚はハズレ)を黒板に裏を向けて貼り、児童にカードをめくらせる。ハズレがあることによって、カードに対する集中力を高めさせる。 □カードをめくる活動では、集中しにくいＡ児や、算数が得意でないＢ児を指名し、学習参加の意欲を継続させる。 □一つ一つの情報が出た時に、その意味をペアで確認させ、正確な情報理解ができるようにする。(T2)
3　問題解決の筋道を検討する。【考えを高め合う】	・「Ａ→Ｂ…と順番にやってもできない！」とゆさぶり、比較対象、解決の順序など、問題解決につながる「考え方」や「筋道」をペアで検討させる。 ・目のつけどころを全員で共有できるように、ヒントを指し示したり、発言を途中で止め、違う児童につないだりして発表の仕方を工夫する。 ・既習内容である「比例」「割合」「比」と結びつけられるように、これまでの学習で使ってきた表や図で整理する。 ・既習内容と結びつかない児童を個別に支援する。(T2)
4　実際に計算して比較する。	□計算でつまずかないように簡単な数に設定しておく。
5　学習のまとめを書く。 　【学びを共有する】 　・一日の砂糖摂取量 20ｇ 　・砂糖は体内でエネルギーとなる 　・過剰摂取は体に問題を起こす	・一日の砂糖の適切な摂取量が20ｇであることを伝え、実際の量をシュガースティック(3ｇ×7本)で提示し視覚的に理解させる。ペットボトル一本分の砂糖の量の多さに対する驚きや摂取量に対する反省を児童から引き出す。 ・リード文①「問題解決した順序は…」 　リード文②「結果を見て自分の生活をふり返ると…」というように、書き出しを与えて、書きやすくするとともに学びを焦点化させる。 ☆既習の知識・技能を活用して問題解決したことをもとに、リード文に続けてまとめを書くことができたか。(ノート)

授業のヒント

学んだことを生かす，確かにわかる指導

　水分補給は大切ですが，清涼飲料水を飲み過ぎると，糖分のとり過ぎが心配になります。

　清涼飲料水に含まれる砂糖が，入っている量ほどには甘く感じない秘密を調べながら，砂糖のとり過ぎについて考える学習です。

　これまで算数で学んだことを生かして，追究していく学習過程となっている点に注目してください。清涼飲料水に，「砂糖の量は，こんなに入っています」と，目で見て砂糖の量を実感できるようにする指導は大切です。

本事例でも効果的に働いています。さらに，そこに「実際に飲んでみる」という体験活動と，砂糖の量を算出する活動を取り入れています。そこには，子どもたちの興味・関心を高めるだけでなく，確かにわかる指導が確認できます。

　リード文に続けてまとめを書く活動も，まとめの活動として参考にしたいものです。本事例の活動は，特に，中学生の部活動においても補食や間食も含めて，正しい知識をもって食品を選ぶ力を身につけることができるようにする指導につながる，大切な内容です。

THE 子どもの生態 「一時一事の原則」

　授業で集中することができない子がいます。こんな子には，言葉がけを具体的な言葉で，短くはっきりと指示するようにします。一度にたくさんの指示は混乱を招くので，一度に一つの指示にします。これを「一時一事の原則」といいます。例えば，「教科書の12ページの3番をノートにやります」と指示をしてしまうと，①教科書を出す②12ページを開ける③3番をノートにやる，と3つの指示が出されることになります。まず「教科書を出しなさい」と指示をし，全員が教科書を出しているか確認し，「〇〇さん，教科書を出しなさい」ともう一度言ってあげればいいのです。言葉だけでなく，カードや絵，写真など視覚的な物を取り入れていくと，さらにわかりやすくなります。

6年生・理科

担任(T1)

[兵庫県加古川市立東神吉小学校・実践例]

「だ液のはたらきを考えよう」
～ヒトや動物の体のつくりとはたらき

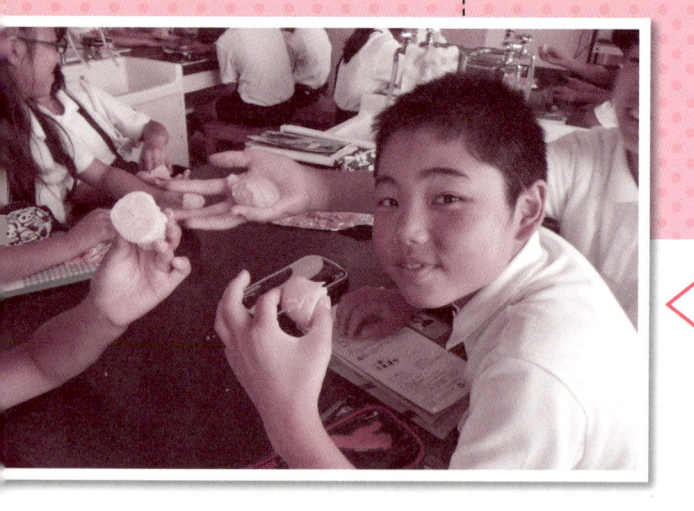

> だ液による消化のはたらきを理解する場面で，実際にジャガイモを試食して，口の中で起こる味の違いを比べます。体験を通じてよく咀嚼(そしゃく)することの大切さを学びます。

◆ 授業のポイント

　ヨウ素液の色の変化による理解だけでなく，ジャガイモを試食することで味覚による口の中での消化について体験的に理解することができます。この体験活動をもとに，だ液による消化をより深く理解し，よくかむこととだ液の分泌とのつながりに気づくことができます。

◆ 本時の目標

　だ液によってでんぷんが変化する実験から考察し，口から取り入れられた食べ物は，消化管を通る間に消化され，養分として吸収されることを理解し，かむこととだ液の関係や消化・吸収の仕組みについて自分の考えを表現することができる。

◆ 食育の視点　【心身の健康】

　食べ物が口の中でだ液によって消化されていることを実験によって確認し，毎日の食事における，かむことの重要性を考え，食べ方に関心を持つことができる。

◆ 指導計画　（全9時間・本時2時間目）

1時間目：ヒトや動物の体のつくりや働きに興味を持つ。
2時間目：食べ物が体内で変化する実験から消化・吸収の仕組みを考える。
3時間目：食べ物に含まれる養分や水分は，どのように体に吸収されるかを理解する。
4・5時間目：吸う息と吐く息の違いを調べ，どんな違いがあるかを理解する。
6・7時間目：血液はどのように流れどんな働きをしているかを考え，調べることができる。
8・9時間目：体の各部分には，どんなつながりがあるかを理解する。

◆ 授業の流れ　（※指導案「展開」は90p）

1　口から入った食べ物は，消化管を通ることを理解する。

○口から肛門までの消化管の図を提示し，各器官の名称を捉えさせる。

2　だ液による食べ物の変化の実験をする。

○だ液を染み込ませたろ紙と，水を染み込ませたろ紙の両方に，薄いでんぷん液をつけて40℃に保ち5分ほどしてからそれぞれヨウ素液をつけ，色の変化を比較させる。

・だ液を染み込ませた方は色の変化がなく，でんぷんが別の物に変化したと言える。

3　ジャガイモを試食して，だ液によるでんぷんの変化を味覚で感じる。

○ふかしたジャガイモ1／2個を渡し，皮をむかせて3回に分けて口に入れさせる。時間を30秒に設定し，3回目は特にだ液がよく出るように梅干しを見せたり，だ液腺をマッサージさせたりする。また，最後までよくかんで味わうよう指示する。

「かんでいるうちにどろどろになり甘味を感じた」「でんぷんが糖に変わったのではないか」

4　口から入った養分や水分が，消化管の中でどのように消化・吸収されるかを理解する。

○胃や小腸のつくりを表した図を提示し，それぞれの働きを説明する。小腸での養分の吸収についてさらに絨毛を拡大した図を提示し，特に口での消化の意味について実験や試食をもとに考えさせる。

「かむことで食べ物が細かくなり，小腸での吸収がしやすくなる」

5　だ液の働きについてまとめる。

○だ液の働きについて消化以外のさまざまな働きも紹介する。

「だ液にはいろいろな役目があり，よくかんで食べないといけないこともわかった」

◆ 授業の板書

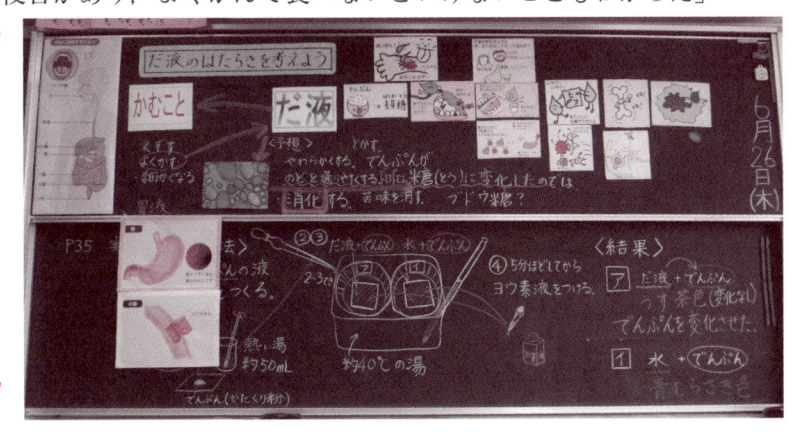

◆ 応用できます！

「生活のしかたと病気」の学習で，むし歯や歯周病を予防するためには，どうすればよいのかを考える。【6年生・保健】

◆ 本時の展開 （学習指導案より）

学習活動	指導上の留意点	評価基準・評価方法
１．本時の課題を確認する。	・梅干を見せて自分の口内にどんな反応があるかを実感させた上で考えさせる。	【食育の視点】 （心身の健康） 【評価基準】 A：十分満足できる。
だ液のはたらきを考えよう。		
２．だ液の実験をする。 　○薄いでんぷんの液を使って、だ液の働きを調べる。 　・でんぷんの水溶液を作る。 　・だ液を含ませたろ紙に薄いでんぷん水溶液を2～3滴つけて温めて5分ほど待つ。 　・ヨウ素液を2～3滴たらして反応を見る。 　○結果をまとめる。 　・青紫色に変わった。 　・でんぷんが別の物質に変化した。	・だ液をろ紙に染み込ませることに抵抗のない雰囲気づくりを行う。 ・やけどをしないように注意を与える。 ・なぜ温めるか再度考えさせることにより人体の実験であることを常に意識付ける。 ・待っている間にヨウ素液の色の予想やだ液のはたらきについて話し合わせる。 ・「植物の体のつくりとはたらき」でジャガイモのでんぷんを顕微鏡で見たことを想起させ、植物は葉でできたでんぷんを糖に変化させていたことを思い出させる。	・だ液によってでんぷんが変化する実験を積極的に進め、想像力豊かに考察し、かむこととだ液の関係や消化・吸収のしくみを考え、毎日の食事におけるかむことの重要性に気づき、食べ方に関心を持ち、自分の考えを意欲的に表現することができる。 B：概ね満足できる。 ・だ液によってでんぷんが変化する実験から考察し、かむこととだ液の関係や消化・吸収のしくみを考え、毎日の食事におけるかむことの重要性に気づき、食べ方に関心を持ち、自分の考えを表現することができる。
３．ジャガイモを実食する。 　・普通に食べる。 　・時間をかけてよくかんで食べる。 　・梅干を見たりもみほぐしをしたりしてだ液の分泌を促して食べる。	・3食目ぐらいに1食目のでんぷんが糖化されてより甘みを感じてくるが、あまり厳密にせず、よくかむこととだ液の分泌の関連性などに意識を向けさせる。 ・子どもたちの意見として出ないときは教師がかむこととだ液の分泌の関連性について情報を与える。	C：児童への支援 ・実験や実食で参加しにくい児童には本人だけでなく、班員全員に協力して進めるように注意を促す。話し合いや考察では難しい言葉が発表として出た場合、他の児童に言い換えさせて理解できたかどうかの確認をする。
４．実験結果や実食の感想から考察を深める。 　・よくかむとだ液がたくさんでる。 　・だ液はでんぷんをあまくした。（糖） 　・食べ物はよくかみくだき小さくして口の中で消化をした方が腸での吸収がしやすくなる。 ５．学習のまとめをする。 　・食事のときによくかんで食べよう。 　・ご飯の甘みを味わってみたい。	・だ液はでんぷんを別のものに変化させたことをおさえる。 ・口の中でかみくだかれた食べ物は、だ液と混じり、その後、食道、胃、小腸、大腸へ送られることをおさえる。 ・腸での絨毛組織などは拡大図を用意して、小さい物質でないと血管から吸収できないことに気付かせる。その方が他の器官への負担が少ないことも併せて気付かせる。 ・だ液が消化にとって重要な役割を果たしていることから、食への関心に意識を向けさせ、今後の食事のしかたを考える意欲付けをしたい。	【評価方法】 ・観察 ・発表 ・ノート

90

授業のヒント

科学的な見方・考え方ができる「理科」

　咀嚼を取り上げた授業では、かみ応えのある食品を実際に食べてだ液に注目させた後、「ひみこのはがいいぜ」でまとめることが多いです。こうした取り組みに科学的な見方・考え方の視点を与えることができるのが、理科の良さです。6年生の理科では、消化や呼吸の仕組みおよび胃・腸や肺・心臓などのつくりや働きについて学びます。だ液がでんぷんを変化させる実験を通して目で見て確かめることにより、消化に役立っていることに驚きや感動を持たせることができます。

　本時の展開の「だ液の実験」までは、理科の内容を伝えてはいませんが、「ジャガイモを実食する」活動を取り入れることで、よくかむこととだ液の分泌の関連性に意識を向けさせます。ここで食育が実現するのです。さらに、まとめの場面で、「食事のときによくかんで食べよう」といった子どもの言葉を引き出すことができれば、だ液が消化にとって重要な役割を果たしていることを理解し、食事の仕方を考える意欲を高めることができます。食を科学的に捉えることにより、食べ物や食べ方に関心を持たせることができる、それが理科の役割となります。

THE 子どもの生態　体調の変化は実験にも現れる

　6年生の理科「消化と吸収」の授業。M君がヨウ素液で青紫色に染まったおかゆにだ液を落とすと、次第に透明に変化しました。ところがB君の場合には、だ液を落としても色がなかなか薄くなりません。「どうしたのかな」と聞きながらB君とやり取りをすると、「昨日は夜更かしした」ということがわかってきました。体調の変化はだ液の活性と関係があるのです。

　「初め、だ液は汚いと思っていたけど、味を感じることができるのはだ液のおかげだ、ということがわかってよかったです」「だ液は、ちゃんと体の中で仕事をこなしているんだ、私たちにとって大事なものだとわかりました」との感想。授業の終わりには、しっかりと学んでくれた子どもたちの姿がありました。

6年生・体育※
※保健領域

担任(T1)／栄養教諭(T2)

[兵庫県篠山市立城東小学校・実践例]

「ぼく, わたしの健康三原則」

～生活習慣病の予防

> 栄養教諭から糖分, 脂肪分, 塩分のとり過ぎや運動不足が生活習慣病につながる話を聞くことで,「健康三原則（食事, 運動, 休養・睡眠）」の大切さに気づかせることができます。

◆ 授業のポイント

　事前に生活チェック（寝る時刻, おやつの内容, 遊びの内容）を1週間実施し, 自分の実態を振り返りながら学習を進めていきます。また, 6年生で摂取する糖分, 脂肪分, 塩分の適量を理解させるために, 実物を提示し量感をつかませます。そして, 生活を振り返り, 健康三原則をもとに自分のめあてを考えることで, 実践につなげます。

◆ 本時の目標

・生活習慣病を防ぐためには, 調和のとれた食事, 適切な運動, 休養および睡眠（健康三原則）が大切であることに気づく。
・自分の生活を振り返り, 良い点は継続し, 問題点は改善しようという意欲をもち, これからの生活に生かそうとすることができる。

◆ 食育の視点　【健康に生きる知恵を磨く】

　生活習慣病の予防のために, 望ましい栄養や食事のとり方を理解し, これからの生活に生かそうとする。【判断力】

◆ 指導計画　（全2時間・本時2時間目）

1時間目：病原体がもとになって起こる病気の予防。
2時間目：生活習慣病の予防。

◆ 授業の流れ　（※指導案「展開」は94p）

1　生活習慣病とは，どんな病気かを知る。
・偏った食事や運動不足から起こる病気である。
・最近では子どもにも増えている。

○生活習慣病が，日本人の死因の１～３位になっていることを円グラフで確認する。

2　栄養教諭に生活習慣病についての話を聞く。
・糖分，脂肪分，塩分についての６年生の適量
・血管の中の様子
・食事内容（おやつの内容）の大切さ

3　教科書35p（「新しい保健」東京書籍）の絵の女の子にどんな言葉をかけるか考える。
　「テレビばかり見ていないで，外で元気に遊ぼう」「ポテトチップス，ジュース，カップ麺は，糖分，脂肪分，塩分のとり過ぎだよ」「生活習慣病になるから，食べ過ぎないで」

○生活習慣病の予防には，食事，運動，休養・睡眠の健康の三原則が大切であることに気づかせる。

4　健康三原則をもとに自分のめあてを考える。
（１）健康三原則に自分なりの名前をつける。
　　例；健康トライアングル，健康３ポイント　など
（２）自分のめあてを決める。
・糖分の多いおやつを食べ過ぎないようにしよう。（食事）
・ゲームばかりしないで，外でも遊ぼうと思う。（運動）
・寝る時刻が遅いので，10時半までに寝るようにしよう。（睡眠）

○事前アンケートの結果を参考にして自分の生活の改善点を見つけさせる。
○自分のめあてが家庭で実践できるように意欲をもたせる。

◆ 授業の板書

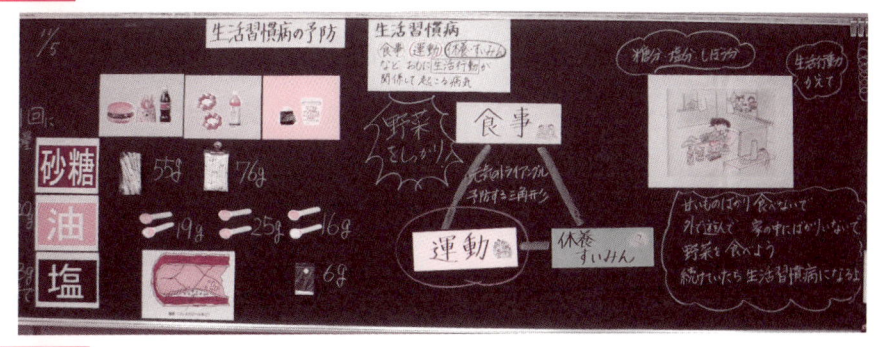

◆ 応用できます！

・「まかせてね　今日の食事」で栄養バランスや旬，地場産物等を使った弁当を作る。【家庭】
・健康への見方や考え方を深めながら，望ましい生活習慣について考える。【総合】

◆ 本時の展開　（学習指導案より）

学習活動	指導上の留意点 （・留意点並びに支援　☆評価）
1　本時のめあてをつかむ。 　・生活習慣病とは生活行動が関係して起こる病気である。 　・心臓病、脳卒中、高血圧症、糖尿病　　　　　　　　　　　　　　　　　など。 　・大人に多い病気だが、最近では子どもも増えている。	・主な生活習慣病について知らせ、日本人の死因の1～3位になっていることを円グラフから読み取らせる。 ・生活行動とは、食事、運動、休養・睡眠であることを押さえる。 ・大人に多い病気だが、最近では子どもも増えていることを伝え、関心をもたせる。
生活習慣病を予防するには、どうすればよいのでしょうか。	
2　糖分、脂肪分、塩分のとり過ぎや運動不足の生活を続けていると表れる体の変化について知る。 　（1）糖分、脂肪分、塩分のとり過ぎによる健康への影響について知る。 　　　・6年生にとって、どのくらいの分量が適量なのか知る。 　（2）わかったことをワークシートに書く。	・（栄養教諭）糖分、脂肪分、塩分の適量やおやつなどに含まれる量を示すことで、自分の摂取量が望ましいものであるか気づかせる。 ・血管の中の様子を見て、健康への影響について確認させる。 ・学習したことを書いて整理し、次の活動につなげる。
3　教科書35pの絵の女の子にどんな言葉をかけるか考え、発表する。 　・寝転んでテレビばっかり見ていないで、外で元気に遊ぼう。体に良くないよ。 　・ポテトチップス、ジュース、カップ麺は糖分、脂肪分、塩分のとり過ぎだよ。 　・生活習慣病になるから、食べ過ぎないで。 　　　　　　　　　　　　　　　　　　など	・教科書に考えを書いてから、発表させる。 ☆生活習慣病の予防にはどうしたら良いか考えることができる。　　　　　　　　【思考・判断】 ☆健康三原則が健康な生活に大切であることがわかる。　　　　　　　　　　　　【知識・理解】
4　健康三原則を確認する。 　・食事、運動、休養・睡眠 5　感想を交流する。	・健康三原則のオリジナルの名前をつけることで、実践につなげる意欲を高めさせる。 　例；健康トライアングル、健康3ポイント　など ・事前アンケートの結果も見て、これからの自分の生活のどの部分を変えていくのか決め、ワークシートに明記する。1週間チェックさせ保護者の感想も書いていただくことで、実践につなげたい。

◆ 授業で使用したワークシート

生活習慣病の予防　ワークシート

1　学習したことをまとめよう。
・1回の食事に油は20g、塩は3gまでという事が分かった。
・生活習慣病は、糖分、しぼう分、塩分などのとり過ぎが原因である。
2　生活習慣病の予防に大切なことをまとめよう。

（食事・運動・休養すいみん／生活習慣病予防のポイント！）

マイめあて　朝、6時半に起きて、10時までにふとんに入る。

できた…○　できなかった…×　理由があってできなかった…△

	11/5(月)	11/6(火)	11/7(水)	11/8(木)	11/9(金)	11/10(土)	11/11(日)
朝	○	○	○	×	○	○	×
夜	○	△	○	○	×	×	△

○自分の感想・反省
じゅくに行く日は、ふとんに入るのがおそくなった。ふとんに入る時こくを気にしてすごしたい。

○お家の方の感想
夜は早く寝てほしいですが、頭で分かっていても実行できないときがあるみたいです。

小学6年

授業のヒント

意欲を引き出し、日常化につなげる

　本事例は，心身の機能と発達の観点から，望ましい体の発育・発達のために食事，運動，休養・睡眠が大切であることに気づかせていくための指導です。

　事前に，寝る時刻やおやつの内容，遊びの内容の生活チェックを，1週間行うことによって，課題に焦点化させていくようにしています。

　この生活チェックを行っている点が，本時で子どもたち一人ひとりが決定した自己の実践事項を，いかに行わせて，より良い変容につなげていくか，「日常化」への重要なポイントとなります。

　アンケートから課題を引き起こし，自分の健康のための"めあて"を決めていく足場となるのです。

　また，健康三原則を示すことによって，この3つの視点から健康を具体的に考えていくことができるようになります。

　さらに，生活を振り返ったり，健康三原則に名前をつけたり，実物を提示して量感をつかませたりしながら，意欲を喚起させるようにする指導を行っている点に注目してください。

　栄養教諭の登場の場面も必然性があり，大いに参考になります。

6年生・外国語活動

担任(T1)／ALT(T2)

[兵庫県宍粟市立道谷小学校・実践例]

「あなたの朝食と違いますか?」
~ Is it different from your breakfast ?

> ALTとの関わりを通じて，世界には多様な食文化があることに気づきます。また，ALTから日本食についての感想を聞くことで，日本食の素晴らしさに気づくことができます。

◆ 授業のポイント

朝ごはんはその国の食文化を象徴します。自分たちが食べている朝食と，世界の国々で食べられている朝食とを比べる活動を通して，さまざまな食べ物の単語に触れるだけでなく，世界の国々の食べ物へと興味・関心を広げていきます。また，食習慣の違いはその国の文化を背景にしています。その違いを肯定的に認め合う態度を育てることも大切にします。

◆ 本時の目標

・英語で食べ物の名前を表現することに慣れる。
・日本と外国では，食文化が違っていることを知る。

◆ 食育の視点　【食文化】

日本食の良さを知り，健康な体づくりのためにもなる伝統的な日本の食文化に関心をもつ。

◆ 指導計画　（全4時間・本時1時間目）

1時間目：Activity　朝ごはんに何を食べたか聞き取ろう。
　　　　　Let's Listen　どこの国の朝ごはんか考えよう。
2時間目：Let's Play　キーワードゲーム
　　　　　Let' Chant　What would you like?（何にいたしましょうか？）
3時間目：Let's Play　ビンゴゲーム
　　　　　Activity　スペシャルランチ作り
4時間目：Activity　スペシャルランチの紹介

◆ 授業の流れ　（※指導案「展開」は98p）

1　あいさつをし，フォニックスを練習する。
2　朝食で食べたものを英語で表現する。
・ごはん rice　みそ汁 miso soup　サンドイッチ sandwich　果物 fruit

○「miso」「natto」「sushi」のように，日本独自の食べ物は日本語での言い方がそのまま海外で通じることを紹介する。

3　どこの国の朝ごはんか考える。

○日本・アメリカ・韓国・フランスの4つの国の朝ごはんのイラストを使って，どこの国の朝ごはんか予想を立てさせる。

「日本の朝ごはんは，定番のごはんとみそ汁ですぐにわかる」「箸のほかにスプーンがついていること，食器が陶磁器ではなく銀の器であることから，韓国」
4　自分たちの朝ごはんと比べる。

○ごはん食の栄養バランスの良さに目を向けさせ，主食がごはんの食事は，砂糖や脂肪分を多くとらないで済むことも付け加えて説明する。

「アメリカとフランスは野菜が少ないな」「韓国と日本は似ている」「シリアルの朝食はおやつみたいだな」「自分の朝食は欧米化してるな」「野菜が少ないから，しっかり食べたい」
5　ALTに日本食の素晴らしさについて語ってもらう。
「世界でも日本食は評価が高く，健康的な食事として注目されている。日本が世界一の長寿国となった理由も，栄養バランスの良い日本食のおかげである。母国アメリカでも，日本食は大人気である」

◆ 授業の板書

◆ 応用できます！

・英語の発音がそのまま日本語になった食べ物（「ハンバーガー」など）や日本語がそのまま英語になった言葉（「すし　sushi」など）をALTの先生に教えてもらう。【外国語活動】
・学校給食に出される料理がどこの国のものか調べる。【6年生・社会】

小学6年

97

◆ 本時の展開　（学習指導案より）

学習活動と主な発問	予想される児童の反応	教師の手だてと個への対応・評価（◎）
1　あいさつをする。 ○ Hello, how are you 〜?	・I'm fine./O.K/good. ・I'm bad./sick/tired. ・I'm hot./cold.	・児童一人ひとりと英語であいさつをする。その時、感情を表す絵カードを掲示し、それをヒントに発表させる。
2　フォニックスを練習する。 ○フォニックス表を使ってアルファベットの順番を覚えよう。	・だいぶ慣れてきたぞ ・むずかしいな ・がんばろう ・できるかな	・絵カードを使ってアルファベットの並べ替えをさせることで、みんなで協力して正しい順を覚える。 ・簡単な単語を音読みさせて、フォニックスの使い方を学ばせる。
\multicolumn{3}{c}{食べ物について英語での言い方を学び、日本と外国との朝食の違いを知ろう}
3　朝食で食べたものを英語で表現する。 ○いろんな食べものを英語で何て言うのでしょう。	・ごはん　rice ・パン　bread ・みそ汁　miso soup ・サンドイッチ　sandwich ・牛乳　milk ・お茶　tea ・くだもの　fruit	・児童にいろいろな食べ物の英語を思い出させるために答えをすぐには伝えず、英語では何て言うか問いかける。 ・「miso」「natto」「sushi」のように、日本独自の食べ物は日本語での言い方がそのまま海外で通じることを紹介する。
4　世界の朝食を知ろう。 ○朝食絵カードを見て、それがどこの国の朝食か考える。	・シリアルって何だろう ・②と④がわからないな ・①韓国 ・②アメリカ ・③日本 ・④フランス	・絵カードの説明を英語で数回聞かせる。その時、ゆっくり発音することに気をつける。（T 2） ・A児が混乱しないようキーワードを日本語訳し、A児のそばで支援する。（T 1）
○自分たちの朝食との違いを考えよう。	・アメリカとフランスは野菜が少ないな ・韓国と日本は似ているな ・おやつみたいだな ・自分の朝食は欧米化しているな ・野菜が少ないから、しっかり食べたいな ・日本の朝食は優秀だな	◎日本と外国では朝食に主に食べるものが違うことに気づいているか。（T 1） ・まずは個人の考えをしっかりもたせ、次にペアで話すことで自分が気づかなかったことに気づかせる。最後に2つのグループに分け、多様な考えを広げる。 ・ALTから見た日本食のすばらしさを紹介する。（T 2）
5　自分の朝食についての質問に答える。 　Do you eat 〜? 　Do you drink 〜?	・Yes/No.	・絵カードを見せながら、それらを朝食に食べるか尋ねる。（T 2）
6　振り返りをする。 7　あいさつをする。 　Good-by. See you.	・よくわかった ・むずかしかった ・楽しかった ・Good-by. See you.	・児童の英語を使おうとする態度面についてよかったところを具体的にほめ、次時への意欲を高める。（T 1）

授業のヒント

外国語活動での食育の姿とは

　食べ物や食文化に関する事柄は，子どもたちの生活に身近であり，興味や関心をもちやすいものです。

　こうした優れた教材となる食に関する事柄を足がかりとして，国際理解を深め，コミュニケーション力を育成することが外国語活動での食育の姿です。

　その中で，お互いの食文化の違いを肯定的に認め合うという互いの食文化への尊敬の気持ちも育まれます。

　本事例では，朝食の視点とALTの参加の2つのアプローチを通して，食育を実現しています。

　「miso」「natto」「sushi」など，日本語での言い方が，そのまま海外で通じる例を知ることによって，日本の食文化の良さに気づくようになります。

　同じように，終末に位置付けられている，ALTに日本食の素晴らしさを語ってもらうことも，日本食の魅力に届く活動となります。

　ほかの地域の人から自分の地域の良さを教えてもらうことで，その良さに目を向けていく指導となっています。本事例には，外国語活動での食育の効果的な手立てが確認できます。

小学6年

THE 子どもの生態

子どもを引きつける導入方法とは

　授業の導入で子どもを引きつけることは難しいものです。意欲を高めたり，注意・集中を促して子どもたちが学習に向かう姿勢をつくることは，ベテランの先生にも難しいのです。そこで，例えば野菜，お菓子などを持ち込んで興味を引いたり，絵や写真，映像等を活用して意欲を高める方法があります。また，「1学期は○○について学習しました」と復習をしたり（ここでも視覚資料が必要），「スーパーマーケットに買い物に行ったことがある人」と本時に関わりのある質問をしたりして，子どもたちの発言を引き出すという方法もあるでしょう。導入の原則は「同じことをさせる」。具体物を出して一斉に言わせたり，フラッシュカードによる一斉音読，○×クイズ等も有効です。

6年生・総合的な学習の時間

担任（T1）

[新潟県上越市立高志小学校・実践例]

「門出のおせちを作ろう」
～上越の冬の御馳走

> 「自分にとっての『ごちそう』って何だろう？」、生産者や地域の人びととの交流を繰り返しながら、子どもたち一人ひとりが自分にとっての「ごちそう」探しをしていきます。

◆ 授業のポイント

　人と関わる力・コミュニケーション力を育むために、次の2点をねらって単元開発に取り組みました。第一は、さまざまな言語活動を繰り返し、自分の考えや気持ちを伝え、相手の考えや気持ちを理解させることです。第二は、友達同士や家族、地域の人などとの関わりを通して、多くの人に支えられ大切にされている存在である自分に気づかせることです。

◆ 本単元の目標

・上越の季節ごとの郷土料理を調べ、プレゼンテーションして実際に食材を集めて調理し、食べた感想をレシピに書く活動を繰り返して、自分の考えを伝えたり、友達や地域の人の考えを聞いたりする。
・地域の生産者や家族との交流を通して、自分の食が多くの人びとの思いや願いに支えられていることに気づき、自分にとっての「ごちそう」とは何かについて考えを深める。

◆ 食育の視点　【感謝の心／社会性／食文化】

・上越らしい季節ごとの郷土料理を調べることで、地域で育てられている旬の農作物や地域の食文化についての理解を深めたりする。
・実際に生産者を訪ねて、栽培の工夫や苦労についてインタビューすることで、食べ物に込められた思いや願いに気づく。
・できた料理を友達や家族と食べることで、みんなで食べる楽しさや会話をしながら食べる大切さを学ぶ。

◆ 指導計画　（全74時間／宿泊体験学習では学校行事を含む・本時12〜1月）

4月：今の自分にとって「ごちそう」とは何か考えて作文に書く。（2時間）
5月：上越の春の御馳走を調べ，作って食べる。（12時間）
6月：上越の初夏の御馳走を調べ，作って食べる。（12時間）
7〜9月：宿泊体験学習の行き先（能登）の御馳走を味わう。（20時間）
10月：上越の秋の御馳走を作り，地域の人に食べてもらう。（12時間）
12〜1月：上越らしいおせち料理を調べ，作って食べる。（12時間）
2月：1年間の活動を振り返り，自分にとっての「ごちそう」とは何か考えて作文に書く。（4時間）

◆ 活動の流れ

1　おせち料理の意味を知り，自分たちにふさわしいおせちを選ぼう。
　中学校進学を迎える節目の年として，自分たちで門出を祝うおせち料理を作る。
（1）自分たちが食べたことがある料理を出し合う。
　「栗きんとん，伊達巻き，黒豆，昆布巻きなどの定番料理」「ローストビーフやスモークサーモンなどの洋風料理」「うちではおせち料理を食べない」
（2）自分たちにふさわしい料理を5品選ぶ。

○紅白でめでたさを表す大根とにんじんのなます，背中が丸まったエビは長寿，子孫繁栄を願う数の子など，家族に聞き取りをしたり，資料で調べたりしてそれぞれの料理の意味を知り，自分たちの門出を祝う料理として5品選ぶ。
→「栗きんとん」「伊達巻き」「黒豆」「エビ」「車麩の揚げ物」の5品に決定。

2　産地を調べ，訪ねよう。
（1）主な食材，栗，卵，黒豆，エビ，車麩の産地を調べる。
　インターネットよりも家族や近所の人に聞いたり，小売店に行って調べたりした方が有力な地域の産地の情報を得られた。
（2）生産者にインタビューする。

○インタビューを通し，食材だけでなく，農業や地域を守り続けたいという思いや，後継者不足，魚の消費量の減少など抱えている悩みも知る。

【インタビュー後の児童の感想】
　「『作物は主人の足音を聞いて育つ』という言葉が心に残りました。たくさん足を運び声をかけることが大切なのだと思いました」「早起きして頑張ってとったエビを大切に料理しておいしくいただきたいと思います」

▲農業法人を経営する方に，黒豆作りの苦労や工夫，農業への思いをインタビューする

小学6年

3　おせち料理を作って，食べよう。

○家庭で聞き取ってきた調理法を参考に，みんなで協力して作る。

・黒豆…下ごしらえをし，アクを取りながら軟らかくなるまでひたすら煮込む。
・栗きんとん…あんを練る作業に苦労する。
・伊達巻き…クラス全員が買ってきた物しか食べたことがなかった。ふわふわの伊達巻きができたときは，みんなから「すごい」の声が上がる。

▲調べてきたレシピをよく見ながら伊達巻き作りに挑戦！

○完成したおせち料理は持ってきたお重に詰めて，各家庭に持ち帰って食べる。

4　オリジナルレシピにまとめよう。

○料理の作り方だけでなく，生産者の工夫や努力，作物に対する思いを書き込んだオリジナルレシピをまとめる。また，食べた感想や家族の言葉，考えたことや思ったことも書く。こうすることで，一人ひとりの子どもの学びを見取ることができる。

「同じクラスのみんなで，中学校へ行っていいことがあるように門出を祝えて良かったと思いました」
「『みんな』が大切だと思いました」

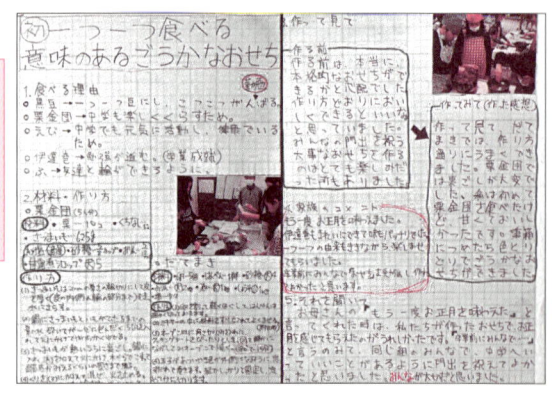

▲方眼紙にまとめられたオリジナルレシピ。レシピだけでなく，料理のいわれや家族のコメント，写真などで構成されている

◆ 授業の板書

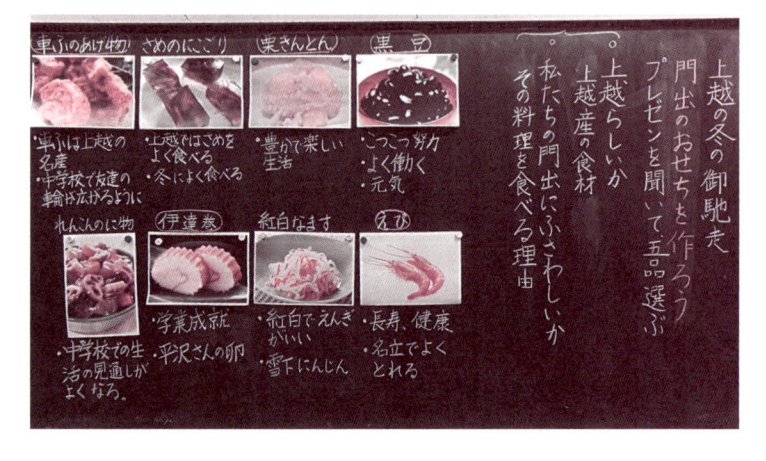

◆ 応用できます！

・「書くこと」の学習で，地域の伝統食や郷土料理について自分たちが伝えたいことを決め，それを証明するための適切な図やグラフを選び，紙面の構成を考えて資料を作る。【国語】
・地域の伝統野菜を調べ，気候や風土に強く結び付きながら，先人の努力によって守り伝えられてきたことを学ぶ。【総合】

授業のヒント

豊かな体験を通じて学ぶ「ごちそう」観

　上越の季節ごとの郷土料理に関わりながら，さまざまな人との交流を通して，食の向こう側にある豊かな世界をつかみ取っていく全74時間の単元に私たちは圧倒されます。そして，このような単元を構造的にデザインできることが，すなわち食の学びの豊かさとつながっていることを教えてくれます。

　季節ごとの御馳走に関わるように構成された単元，4月と2月に同じ問い「わたしのごちそうとは」を設定した構成から，対象に対する見方や考え方の深まりを自覚して臨む，授業者の確固たる姿勢が確認できます。

　豊かな体験を通じて学んだ結果，子どもたちの「ごちそう」観は変わっていきます。深まり，豊かになっていくのです。「6年生のお正月は，中学進学を迎える子どもたちの節目」と授業者が子どもの生活課題に誠実に向き合うことで，食育は豊かに実現されます。

　単元を通じて追い求めることになる「ごちそう」。それは，"豊かに生きるとは"という，中学進学を控えた子どもたちにとって価値ある，そして切実な問いに応える学習となったのではないでしょうか。

小学6年

THE 子どもの生態

30秒以上の説明は聞いてもらえない

　立て板に水を流すかのように話すことは，教師にとっては決して良いことではありません。聞きやすくわかりやすい言葉と同じくらいに大切なのは「間」です。「あのう」というような間を空けるだけでも子どもは集中します。間を空けてから小さい声で話し始めると，耳を傾けて聞くようになります。また，重要な知識は教師が説明することも必要ですが，小学生相手に30秒以上説明すると，途中から聞いていないことが多いです。そこで，写真や絵を提示して説明を省いたり，説明する部分を子どもに発表させれば，子どもが聞くようになります。説明する代わりに作業させることで，理解させることもできます。説明はできるだけ省くことができるのだと自覚しておくとよいでしょう。

中学1年生・社会

担任（T1）

[兵庫県淡路市立一宮中学校・実践例]

「世界人口の60％が集中するアジア州」
～アジア州のようす（地理的分野）

> 「中国の食文化について調べる」場面や，「なぜ地域によって食文化に違いがあるのか」を考える場面で，iPadなどのICT機器やグループ学習を活用し，学びを深めます。

◆ 授業のポイント

　食文化を通してアジア州に暮らす人びとの生活を把握します。授業の中心は，自然や社会的条件が食文化に影響を与えていることを考察する場面となります。多様な意見に触れながら思考を深めるためにも，生徒同士のコミュニケーション活動を重視した授業を展開します。

◆ 本時の目標

・アジア州の人口分布を確認し，民族の多様性を理解することができる。
・東アジアの多様な文化を，中国の食文化を通して確認することができる。

◆ 食育の視点　【食文化】

　中国には多くの民族が生活しており，地域の自然や社会的条件に応じた食文化を発展させてきた。そうした多様な文化を尊重し，受容する態度を育てる。またグローバル化が進む中，文化と文化が出合い融合し，新しい食文化が生まれていることにも気づかせる。

◆ 指導計画　（全7時間・本時2時間目）

1時間目：アジア州の姿
2時間目：世界人口の60％が集中するアジア州
3時間目：多くの人口と活発な産業
4時間目：活発な経済と課題
5時間目：変化に富む自然と社会
6時間目：産業のようすとかたよる資源／7時間目：紅茶からみた世界と日本

◆ 授業の流れ　（※指導案「展開」は106p）

1　これまでに，どんな外国料理を食べたことがあるか発表する。

○日常生活で，思ったより多くの外国料理に親しんでいることに気づかせる。
○もとは外国料理であったが，日本の料理のようになっているものもあることを確認する。

2　中国の多様な文化を，食文化を通して確認する。
（1）北京料理・広東料理・上海料理・四川料理について調べて発表する。
　「北京料理は少数民族の伝統的な料理が多い」「広東料理は中国南部の豊かな食材を使っている」「上海料理は西洋料理の影響を受けてきた」「四川料理は香辛料を多用している」

○「気候」「産物（食材）」「歴史」などと関連させて特徴をまとめさせる。
○聞いている生徒にわかりやすく説明するために，特徴を表す料理の写真1枚を使って発表させる。

（2）中国には多くの民族が住んでいることを確認する。
　アジア州には世界の人口の60％が集中しており，「多民族国家」について説明する。
（3）なぜ地域によって食文化に違いがあるのか考えて発表する。
　「北部では小麦が，南部では米がとれるので食材に使っている」「海の近くでは海産物を使い，内陸部では野菜や鶏肉などを使っている」「歴史も料理に影響を与えている」

○中国には多くの民族が生活しており，地域の自然や社会的条件に応じた食文化を発展させてきたこと，自然環境や産物，歴史や民族の違いが多様な文化を生み出したことを確認する。

3　食文化の交流を通して世界の結び付きに気づく。感想を書く。
　「多くの民族が住み，工夫して料理を作った」「料理で世界がつながっていることがわかった」

○中国でもファストフードなどの外国の食文化を積極的に取り入れていることなど，食文化の交流を通して世界の結び付きに気づかせる。

◆ 授業の板書

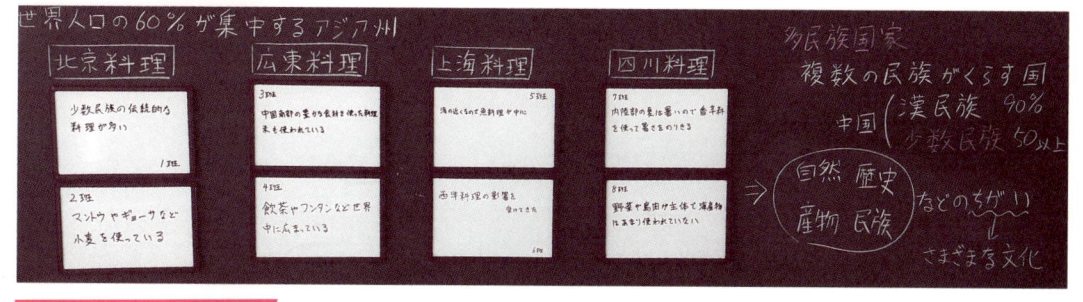

◆ 応用できます！

・フードマイレージから食生活を見直し，食生活と環境との関わりについて考える。【技術・家庭】
・世界と日本の食料に関わる問題について知り，食品ロスを少なくする気持ちをもつ。【道徳】

◆ 本時の展開　（学習指導案より）

学習内容	生徒の学習活動	教師の支援
１．課題の確認	・どんな外国料理を食べたことがあるか発表する。 ・学習課題を確認する。	・多くの外国料理に親しんでいることに気づかせる。 ・東アジアの文化の多様性を「食」を通して考えることを意識させる。
中国にはどんな食文化があるのか調べてみよう。		
２．中国の食文化 　・北京料理 　・広東料理 　・上海料理 　・四川料理	・中国の食文化について班で調べる。 　※発表内容をホワイトボードに記入する。 　※発表用の写真を１枚用意する。 ・発表する。 　※他の班の発表はメモをとる。	・偏らないよう班ごとに割り当てる。 ・「気候」「産物(食材)」「歴史」などと関連させて特徴をまとめさせる。 ・順に発表させ、ホワイトボードを黒板に掲示する。
地域による食文化のちがいは、どんなことと関連しているか考えよう。		
３．多様な民族と文化	・中国が多民族国家であることを確認する。 ・なぜ地域によって食文化にちがいがあるのか班で考える。 ・発表する。	・教科書で確認させ、「多民族国家」について説明する。 ・自然や社会的条件に着目させる。 ・自然環境や産物、歴史や民族のちがいが多様な文化を生み出したことを確認する。
４．まとめ	・食文化の交流を通して世界の結び付きに気づく。 ・振り返りをする。	・「中国のファストフード店」の写真を提示し、外国の食文化を積極的に取り入れていることを説明する。 ・感想を書かせる。

◆ 授業で使用したワークシート

```
世界人口の60％が集中するアジア州
 ◆ 北京料理・広東料理・上海料理・四川料理について調べよう。
  ┌調べる料理┐
  │         │
  └─────────┘
  ※「気候」「産物（食材）」「歴史」などと関連させてまとめよう。
    例：○○には地域でとれる□□が使われている。
        海岸部（内陸部）なので○○が食材になっている。




 ◆ 他の班の発表をメモしよう。




 ☆ アジア州には世界の人口の___％が集中している。
 ☆ _____ → 複数の民族がくらす国
    ┌中 国┐ ┌ ○ _____が人口の約90％をしめる。
    └────┘ └ ○ 50をこえる_____がある。
 ◆ 地域によって食文化にちがいがあるのはなぜだろう（食文化のちがいは何と関
   係があるのだろう）？
   ─────────────────────────────
   ─────────────────────────────
   ─────────────────────────────
   ─────────────────────────────
   ─────────────────────────────
```

授業のヒント

中学校における食育実践

　中学校における食育実践に対する大きな期待，それは，食のもつ社会的な側面に対する理解を扱えることです。

　フード・マイレージ，バーチャルウォーター，食品ロスの問題等といった，生産や流通，消費や廃棄，環境などの社会的な側面から，食を総合的に扱えることが中学校での食育の魅力です。

　本事例は，そうした良い実践の一つとなっています。併せて思考力・判断力・表現力等を育成するには，体験的な学習や問題解決的な学習の充実，また習得した知識・技能を活用して観察・調査したり，各種の資料から必要な情報を集めて読み取ったりしたことを的確に記録することが有効です。

　本事例では，東アジアの食文化の多様性を気候や産物，歴史と絡めながら考察を進めています。食を教材として，確かな学力が育成されていることを実感できます。

　指導計画に挙げられている7時間目の「紅茶からみた世界と日本」の内容も気になるところです。中学校の社会科での食育の可能性を，大いに示してくれる事例です。

中学1年

中学2年生・学活/総合

担任（T1）

[兵庫県小野市立河合中学校・実践例]

「お弁当作り」

> 不足しがちなビタミン・無機質がとれる材料を考えて，体に良い弁当作りに挑戦します。小学校の家庭科では，1食分の献立を工夫する学習内容，中学校では弁当を作ろうという内容に対応できます。

◆ 授業のポイント

「家の人の愛情のこもったお弁当を食べる」という受け身であった機会を，学期に1回個人の力に合わせた参加型の機会として，「お弁当作り」を行うことで，自分にできる健全な食生活の実践につなげます。お弁当作りに関わることでバランスのとれた食事への関心が高まり，弁当を食するメンバーをクラス・学年・異学年と変化させることで，食を通じたコミュニケーションを図ることができます。

◆ 単元の目標

・「自分の力で栄養バランスを考えたお弁当を作ろう」と，栄養や味のバランスを考えて個に応じた課題で実践しようとする。
・主食：主菜：副菜＝3：1：2の割合※や赤・緑・黄の彩りと季節感を考えたお弁当を工夫して作る。（※NPO法人食生態学実践フォーラム「3・1・2弁当箱法」）

◆ 食育の視点　【健康／栄養／食の楽しみ／生活リズム・共有】

・6つの食品群を意識したお弁当作りの体験を通して，健全な食生活の実践を促進する。
・食を楽しみながら食事の作法・マナー，食文化を含む望ましい食習慣や知識の習得が図られるよう，食事等の場における食を通じたコミュニケーションを促進する。

◆ 指導計画　（全3時間）

1時間目：お弁当作りについての参加の仕方を説明し，お弁当の計画を立てる。
2時間目：「お弁当」を作る。／3時間目：交流しながら，お弁当を食べる。

◆ 授業の流れ　（※指導案「展開」は110p）

1　職員会議において，「ハートフル弁当」に向けての取り組みの共通理解を図る。

○（ゆがく・炒める・焼く・電子レンジの利用　など）栄養バランスを考えたお弁当を作る。

2　保護者向けに協力依頼のプリント（111p）を配布する。

【内容1】食を通じたコミュニケーション（①バランスのとれた食事②望ましい生活リズム③食を大切にする気持ち④食の安全性）【内容2】お弁当作りへの参加の仕方・お弁当を作る上でのポイント・学期ごとのお弁当作りの日程報告

3　個に応じた力でメニューを考え，計画プリント（111p）に記入する。

○2～3日前にはプリントを配布し，献立メニューを考える。
○2, 3回目については，前回の課題を改善させながら計画を立てる。

4　お弁当作りの計画に従って実践していく。

○その日の朝を，「ノー部活day」としてお弁当作りの時間を確保し，取り組ませる。

5　交流しながら，お弁当を食べる。

○1学期はクラスの仲間，2学期は学年の仲間など，誰とどの場所で食べるのか考える。
○食べる前に，お弁当コンテストを行う。

野球部　　　　2年 女子

◆ 授業の板書

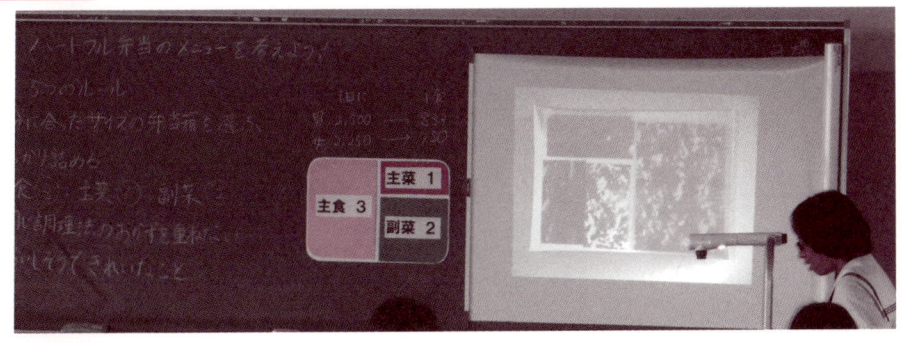

◆ 応用できます！

・父，母，祖父，祖母が好きだったお弁当のおかずを聞いてみよう。【学活，技術・家庭】
・お弁当作りにチャレンジ！【小学校1～6年生の学活，家庭】

◆ 本時の展開 （学習指導案より）

分	学習活動・内容と評価の場面	指導上の留意点[準備・資料等]
5	本時の学習内容を知る。 ・6月22日がハートフル弁当の日であることに気づき，自分で作るイメージをもつ。 ・アンケートに書いた内容を発表する。 自分のためのお弁当を作る5つのポイントについて学習する。 配布されたプリントにあてはまる言葉を記入する。	○6月22日の弁当作りに興味をもたせる。 ◇自分で作ることをイメージしている。 ○「栄養」「見た目やいろどり」「旬の食材」「食材の種類」「冷ます」「下ごしらえ」など，気をつけて作っている内容について意見を出させる。 ○お弁当作り5つのポイント ・（自分に合った）サイズの弁当箱 　　（男：約850mℓ，女：約750mℓ） ・（動かない）ようにしっかり詰める ・主食：主菜：副菜＝(3:1:2) ・同じ(調理法)は使わない ・（おいしそう）できれいなこと
20 30	班で実際にお弁当のメニューについて考える。 ・じゃがいもと玉ねぎを使っているか。 ・栄養，旬のもの，味つけ，時間，費用など工夫してお弁当を作ることを考えているか。 ・5つのポイントを守れているか。	○掲示物や食事摂取基準を使って効果的に説明する。 ◇積極的に話を聞き反応している。 ○収穫したじゃがいもと玉ねぎを使ったメニューを考えるよう指示する。 ○主食・主菜・副菜の順にお弁当のメニューを考えさせる。 ○"そのまんまお弁当料理カード"（群羊社）を参考程度に使わせて考えさせる。 ○朝は時間がないことを考慮し，時間についても意識してメニューを考えさせる。 ○実物投影機を使って発表できるようにさせる。 ◇評価と指導 A：栄養・旬のもの・時間・費用や5つのポイントなどを守って工夫をしている。 B：見た目で分かる5つのポイントを守れている。 C：Bに達していない。
45	班で考えたメニューを発表し評価しあう。 ・実際に作れそうか。 ・工夫されているメニューか。	○発表後，自分の作りたいお弁当はどれか投票させる。 ◇自分が作ることを考えて選択している。 ・時間や手順について考えている。 ・栄養バランスを考えている。 ・じゃがいもと玉ねぎが使われている。 ・評価を積極的に行っている。
50	本時のまとめを行う。 ・ハートフル弁当の日に向け，どのようなことに気をつけようと思うかを考え共有する。	○6月22日のハートフル弁当までに個人でメニューを考え，プリントにまとめて提出する。 ◇評価と指導 A：本時を通して具体的に考えている。 B：本時の内容を守る。 C：Bに達していない。

◆ 授業で使用したワークシート

年　　組　　名前＿＿＿＿＿＿＿＿

＊お弁当を作るときの5つのポイント＊

1. (　　　　　)サイズの弁当箱を選ぶ
   弁当箱の容量(mℓ)＝1食に必要なエネルギー量(kcal)
   1日に必要なエネルギー量は(　　　　)kcal
   自分に合った弁当箱のサイズは(　　　　)mℓ

2. 料理が(　　　　　　)ようにしっかり詰める
   ご飯もおかずもしっかり詰めることで、適量のエネルギーを保つことができる。
   しっかり詰めておくと、持ち歩いても盛り付けがくずれず、見た目がきれい。

3. 料理の組み合わせは
   主食：主菜：副菜　＝　　：　　：　　の表面積比に

4. 同じ(　　　　　)のおかずを重ねない
   油脂を多く使った料理は1品まで。塩分の多い料理も1品まで。

5. 何よりも大切なことは(　　　　　)で、きれいなこと
   「おいしそう！」でなければ食欲がわかない。
   栄養バランスがよいだけでは意味がない。

▼班で考えたときに気をつけたこと

★他の班のメニューを評価してみよう

	時間や費用が考えられている (◎/○/△)	栄養バランスを考えている (◎/○/△)	旬のもの(じゃがいもや玉ねぎ)が使われている (◎/○/△)	5つのポイントが守られている (◎/○/△)	自分が作るとしたらどのお弁当を選ぶか
1班					
2班					
3班					
4班					
5班					
6班					

▼実際にお弁当を作るときにどんなことに気をつけようと思いましたか。

◆ 保護者への配布資料

平成27年6月1日

保護者様

ハートフル弁当の取組について

平素は、小中一貫教育のために何かとご協力頂きありがとうございます。
　河合校区では、7年前より親の手作りの弁当だけではなく、学年に応じた児童・生徒の参加型の「子どもがつくる弁当の日」に取り組んでいます。この取組は「弁当の日」の活動を通して、親子のふれ合いと子どもの自立する力の育成を目指しています。趣旨をご理解いただき、ご協力よろしくお願いいたします。

1　実施日　　平成27年6月22日(月)
　　　　　　　平成27年10月20日(火)
　　　　　　　平成28年2月22日(月)

2　各学年の目標

学年	前日や前々日	当日の朝	学校から帰ったら
1年2年	・選んだ食品が、赤・黄・緑のどの色か分かる。 ・ご飯を炊く準備をする。	・ごはんを弁当箱につめる。 ・弁当袋に入れる。	・弁当箱を洗う。・感想を書く。
3年4年	・バランスの良いお弁当の献立を親子で考える。 ・弁当材料をお家の人と準備する。 ・ご飯を炊く準備をする。	・作る手伝いをする。 ・ごはんを弁当箱につめる。	
5年6年	・お弁当の献立を考える。 ・赤・緑・黄の材料を準備する。 ・ご飯を炊く準備をする。	・おかずを1品以上作る。 ・お弁当につめる。	
中学生		・自分の力でお弁当を作る。	

※ご飯とおかず…主食3/6：主菜1/6：副菜2/6の割合でつめる。
※栄養面…。赤色(牛乳・小魚・海そう)、緑色(緑黄色野菜やその他の野菜・果物)の
食材を意識して加える。見た目の色合いも赤・黄・緑を意識して！
※味のバランス…調理法の異なったおかずを組み合わせる。

3　「ハートフル弁当の日」の取組を通して

「ハートフル弁当の日」を通してこんな子どもに育ってほしい

食べ物を選択できる子
私たちの周りにはいろいろな食べ物があふれています。たくさんの食べ物の中から自分に必要な食べ物を選んで、組合わせて食べることが大切です。

食べ物の大切さがわかる子
食べ物がどのように作られ、食卓まで運ばれてくるのかを知ることは、食べ物に命があることを知り、その命に感謝の気持ちをもつことにつながります。

味がわかる子
味覚を育てるには、いろいろな食べ物を食べ、食べ物が本来もっているおいしさと感じられる能力を身につけることが大切です。加工食品ばかり食べていると味がわからない味覚障害になることがあります。

自分で料理できる子
五感を使って行う料理は、子どもたちの創造性や集中力を育て自信にもつながります。そして、将来の自立にもつながります。最初からすべて自分ではできませんが、続けることで自分でもできるようになります。

4　実施に際して
○お弁当作りを通して、子どもの頑張りを褒めてあげて下さい。
○小学校ではプリントを1週間前に、中学校では2、3日前に配布します。親子で買い物をしたり献立などの相談をしたりして決定して下さい。

★河合校区では、すでに7年前より行っていますが、全国的にも「子どもがつくる弁当の日」運動が広まってきました。少しずつ経験を重ねる中で、自分の健康を考えたお弁当作りが大切と感じ、実践に移せる子どもに育ってほしいものです。

中学2年

中学3年生・理科

担任（T1）

[兵庫県淡路市立一宮中学校・実践例]

「生物の食べる・食べられる関係を調べよう」

> 自分たちが口にしている食物は，人以外のどんな生物に食べられるのか，何を餌としているのかを調べ，食べ物を通した命のつながりに気づくことができます。

◆ 授業のポイント

今の日本は，食料自給率こそ低いが，輸入品のおかげで食べ物に困ることはありません。給食の時，嫌いな食べ物を平気で残す生徒がおり，食べ物に対して感謝できていないように感じることがあります。魚，肉，野菜などすべての食べ物は，私たちが食べる前には生きていたことを踏まえて，食べ物を通した命のつながりを理解し，いろいろな生物の命をいただいて生きていることに気づかせます。

◆ 本時の目標

・私たちが食べている身近な生物についての食物連鎖を考えることができる。
・植物が作った栄養分によって，すべての動物が生きていることを理解する。

◆ 食育の視点　【感謝の心】

食べ物に対して感謝し，命をいただくことの大切さに気づくことができる。

◆ 指導計画　（全5時間・本時1時間目）

1・2時間目：食物をめぐる生物同士のつながりを調べる。
3・4時間目：土壌中の食物連鎖について調べる。
5時間目　　：食物連鎖の中での物質の移動を考える。

◆ 授業の流れ　（※指導案「展開」は114p）

1　最近食べた食材を書き出し，その食材は何で作られているか考える。

○食材はすべて生物からつくられていることを確認する。
○人はいろいろな生物から栄養分を得て，初めて生きられることに気づかせる。

2 いろいろな生物の食べる・食べられる関係を考える。
（1）プリントにいくつかの生物を載せておき，食べる・食べられる関係がある所に矢印を書き，班で意見交流をする。
「プリントの生物の中ではワシが一番強いと思う」「ワシはヘビを食べるが，ヘビはワシのひなや卵を食べるのではないか」「植物は動物に食べられるが，何も食べていない」

3 最近食べた食材（生物）を生産者・消費者に分類する。
（1）食材を生物名に替えて分類する。（例　豆腐→ダイズ）
わからないものはタブレット端末を用いて調べる。
・生産者…イネ，コムギ，タマネギ，トマト，キャベツ
・消費者（草食動物）…ニワトリ，ブタ，ウシ
・消費者（肉食動物）…ウナギ，カツオ，タコ

4 最近食べた食材（生物）の中から1つ選んで，その生物が関わる食物連鎖の図を作ってみる。
身近な食材をもとに食物連鎖を考え，プリントにまとめて提出する。次の時間に発表する。

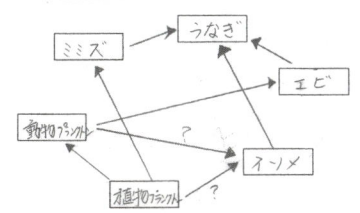

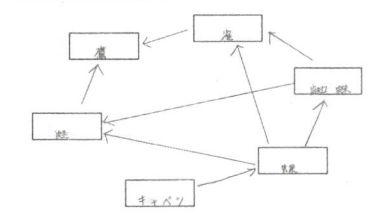

◆ 授業の板書

◆ 応用できます！

「地球環境への人類の取り組み」の学習で，生物多様性について学び，生物同士の関わりについて考える。【社会】

◆ 本時の展開　（学習指導案より）

時間	学習内容	生徒の活動	指導上の留意点
導入 10分	◎ 最近どんな食べ物を食べましたか。		
	○すべての食べ物は、もとは生きていた生物であることを理解する。	○最近食べた食材を書き出し、発表する。	○食材として書き出させた後、その食材はどんな生物から作られているか考えさせる。
展開 35分	○人間だけでなく、すべての動物は他の生物を食べて生きていることを確認する。		
	◎ 生物の食べる・食べられる関係を考えよう。		
	○植物がつくったデンプンなどの栄養分によってすべての動物が生きていることを確認し、生産者・消費者という意味を理解する。	○ワークシートに書かれている生物について、食べる・食べられる関係を考え、発表する。	○個人で考えたあと、4人班になって意見交流をする。
		○ワークシートに書かれている生物を、生産者、消費者（草食動物）、消費者（肉食動物）に分類する。	○しっかりと発表を聞けているか確認する。
		○最近食べた食材に使われている生物を、生産者、消費者（草食動物）、消費者（肉食動物）に分類する。	○わからないものは班の中で相談させ、それでもわからない場合はタブレット端末を用いて調べさせる。
	◎ 最近食べた食材（生物）を中心とした食物連鎖を考えよう。		
	○私たちが食べている生物も、他の生物を食べたり、食べられたりしていることに気づかせる。	○最近食べた生物のうちから1つ選び、その生物にまつわる食物連鎖を考える。わからないことはタブレット端末を用いて調べる。	○食べる・食べられる関係が1本ではなく、できるだけ複雑になるように机間巡視しながら支援する。
まとめ 5分	○食物連鎖の関係は、1本の線で表せるものではなく、色々な生物どうしが複雑に関わり合っていることを確認する。	○プリントを完成させ、提出する。	

◆ 授業で使用したワークシート

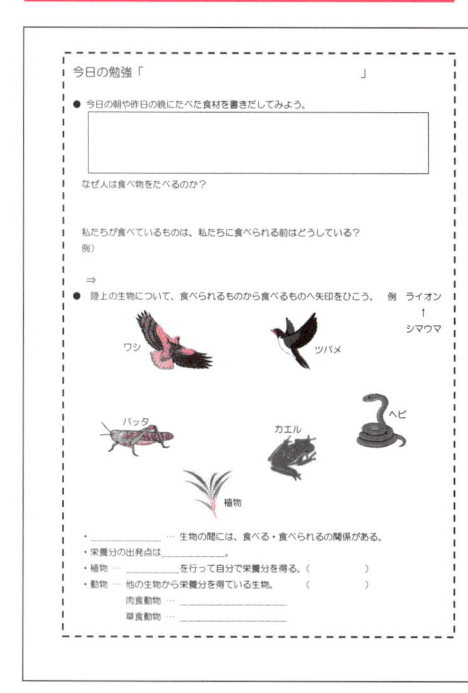

授業のヒント

食物連鎖を通して命のつながりを理解する

　中学校での食育の可能性は，数値でのデータや客観的な見方・捉え方が効果を発揮する点です。

　本事例の食物連鎖の図はその典型です。理科「自然と人間」では，自然界での生物相互の関係や自然界で生物同士が釣り合いを保ちながら生活をしていることを理解するほか，人間が自然を利用したことで与える影響や，環境保全の必要性について学習します。

　本事例の「本時の展開」では，前半は理科の内容を確実に習得させながら，後半，「私たちが食べている生物」に話題を進めることで，理科の目標を達成しながら食育が実現できています。

　生物を生産者，消費者（草食動物），消費者（肉食動物）に分類する際に，タブレット端末を使って調べることにより，学習を深めている点にも注目してみてください。

　食物連鎖の図を通して，命のつながりを理解することができるようになります。まさに，見えないモノ・コト・人の姿を見えるようにする，想像力を育むことが食育の大きな可能性であることを示してくれている事例です。

中学3年

特別支援学級・自立活動

担任（T1）

[兵庫県淡路市立育波小学校・実践例]

「旬を味わおう」
～世界に一つだけのミックスジュースを作ろう

> 材料に合った形や大きさに切る場面。作業手順を表した時系列カードを目で確認しながら作業を進めます。食べることの大切さと，楽しく食べることを学びます。

◆ 授業のポイント

　食に対する抵抗感を強くもつ子どもたちは，感覚の偏りが見られ，「食べるもの」「食べないもの」がはっきりとしています。ここでは，果物の色や形，味を楽しみ，旬を諸感覚で感じながら，食への興味・関心を高め，材料の選択や分量を工夫し，味に対する好みがあっても，おいしく食べようとする態度を育てます。

◆ 本時の目標

・身近な野菜の栽培や調理を通して，生長や季節（旬），味などに関心をもつ。
・協力して作業や調理に取り組み，楽しむことができる。

◆ 食育の視点　【食事の重要性】

・力を合わせて簡単な食べ物を作る楽しさを味わうことができる。
・野菜や果物の色や形を楽しみ，季節（旬）を諸感覚で感じることができる。

◆ 指導計画　（全4時間・本時4時間目）

1時間目：野菜や果物の名前を覚えることを通して，食べ物に関心をもつ。
2時間目：お店を紹介する看板を作り，お店を開くことに興味をもつ。
3時間目：調理用具の名前，用具の簡単な操作手順を覚える。
4時間目：世界に一つだけのミックスジュースを作り，味わう。

◆ 授業の流れ　（※指導案「展開」は118p）

1　ミックスジュースの歌を歌う。

○歌に登場した果物の名前を振り返らせる。

2　果物を使って何を作るのか，写真を見てイメージをもつ。
　・エプロンを身につける。　・手洗いをする。

3　材料や作り方，調理用具の確認をする。

○材料や切り方，調理手順など，写真を見ながら確かめさせる。

4　調理「ミックスジュース」を作る。

○写真カードを活用し，写真や文字による視覚支援と言葉で調理手順を指示し，1人で作業をさせる。
○「皮をむく」「切る」「絞る」「混ぜる」「注ぐ」など，どのように切るのか，どう使うのかが見てわかるようにしておき，自分の目で確かめながら，1人でできるように促す。

5　ミックスジュースを味わう。

○「いただきます」「ごちそうさまでした」を言葉や動作で表現する。
○出来上がったミックスジュースを先生や友達にも味わってもらう際，「どうぞ，飲んでください」など，簡単な言葉によるコミュニケーションが図れるように支援をする。

6　飲み終わったら，コップや用具を片付ける。

○使った用具や食器をきれいに洗う。
○用具の名前を書いたシールを食器棚に貼っておき，自分で名前を確かめながら，元の場所に片付けていくようにする。

◆ 授業の板書

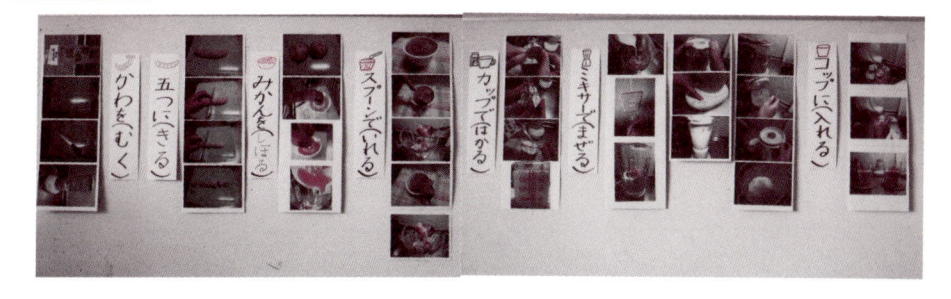

◆ 応用できます！

・使用する材料を果物だけでなく，学級園で栽培した野菜を活用し，好きな具材を組み合わせてパウンドケーキやギョーザなどを作る。【自立活動】
・お月見やお正月などの行事や，その季節・内容に合った料理やお菓子を作る。【自立活動】

◆ 単元の指導計画 （学習指導案より）

次	小単元名	主な学習活動
1	夏野菜を育てよう	夏に収穫できる野菜を育てる。（土入れ、苗植え、水やり、支柱立て） 生長の様子を観察、記録する。（絵日記、新聞）
2	野菜の収穫	収穫を喜ぶ。（観察カード、日記）
3	旬を味わおう	簡単に調理をして旬の味を味わう。

◆ 本時の展開 （学習指導案より）

学習活動と内容	指導上の留意点	評価基準
1．ミックスジュースの歌を歌う。 2．本時の学習内容を知る。	・果物や野菜のカードを提示することによって、自分の好きな果物を思い出しやすくする。	・果物や野菜について興味・関心がもてたか。
せかいにひとつだけのミックスジュースを作ろう		
3．材料や作り方を知る。 4．ミックスジュースを作る。 　①材料をそろえる。 　②皮をむく・切る・絞る・量る。 　③ミキサーに入れて混ぜる。 　④コップに注ぐ。 5．出来上がったジュースを味わう。 　・あいさつをして、試食する。 　・後片付けをする。 6．ふり返りをする。	・切り方や手順を写真で表し、視覚支援していくことで活動への興味・関心、理解を深める。 ・調理用具の安全な使い方を実際に示し、具体的に伝わりやすくする。 ・調理手順を写真で提示し、どのように切るのか、どの部分を使うのか確認しながら進められるようにする。 ・楽しい雰囲気の中で出来上がったジュースをみんなで味わい、感想を言葉や表情で表せるようにする。 ・楽しかったことやうれしかったことを発表するよう促す。 ・がんばったことを励ます。	・果物や野菜に興味・関心がもてたか。 ・自分が使う材料や道具を選び、自分から意思表示をすることができたか。

> **授業のヒント**

一人ひとりの活動を支える教師の姿勢

ミックスジュースを作る活動を通して，食べることの大切さと楽しさを学んでいる子どもの姿が読み取れます。

ミックスジュースを作る活動は，一人ひとりの子どもが自立するために必要な知識，技能，態度および習慣を養うものとなっています。

教師には，丁寧で見通しをもった授業づくりが必要となります。ミックスジュースの歌を歌ったり，果物や野菜カードを提示したりしながら雰囲気をつくっています。また写真と文字で丁寧に作業を支援し，一人ひとりが作業しやすいように活動を支えています。

自立活動において，「食」は，言うまでもなく人が生きていくためには欠かせない生活の基盤であり，重要な教育内容となります。

調理実習では，仲間と共に協力して調理することでコミュニケーション能力の向上が見込めます。「料理を作ることができた」という成功体験は，自己効力感の向上や生活上の望ましい習慣の形成を図るものとなります。

食育の大切さを，事例から読み取ることに，教師の姿勢が求められます。

THE 子どもの生態

子どもとの関係を築く4つの基本

子どもとの人間関係を築く基本が，以下の4つの子どもとの関わり方にあります。

①うなずき…聴いていることと共感を子どもに伝えます。その際に，子どものテンポに合わせるようにすることが大切です。②共感…信頼感や安心感につながる表現です。「それは大変だったね」「それはつらいね」などの言葉を伝えます。③繰り返し…子どもの使った言葉をそのまま返してあげます。話の内容を理解していることが伝わります。④受容…受け入れ，褒めることです。褒めることは，子どもをよく見ていないとできません。「いいね」「なるほど」「ありがとう」といった言葉をかけます。以上の4つは，学習を探求的にするための，授業での基本フレーズにもなっています。

授業づくりから考える「指導案」

特別付録

　栄養教諭の免許更新講習に関わった際など，受講者から「指導案はどうやって書けばいいのか」という質問をよくされます。指導案というのは，授業をつくる際の決意表明やレシピ集のようなものです。こんな授業をこういうふうにしたいと，授業者の思いが出ることが大事です。

　ではまず，「授業をつくる」とはどういうことなのか，そこから，指導案を書くことについて考えていきたいと思います。

1 授業をつくる

（1）活動と内容

　授業をつくる際に，「活動」と「内容」を分けて考えると授業をつくりやすくなります。

　調理や栽培などの体験活動を「活動」と呼びます。「内容」は，その授業で教える知識やものの見方を指します。**活動を通して内容に至る，この流れになることが多い**のが"経験単元"，生活科や総合的な学習の時間です。

　一方で，価値ある内容の実現に適した活動を教師が考案し，導入の工夫等によって，児童・生徒にとって意味のあるものとするのが"教材単元"，算数や国語などです。

　では，具体的に考えてみましょう。「たこ焼きがなくなる日」という授業プランがあります。対象は小学5年生，「自分の生活と食料生産との関わりをもとに，わが国の食料生産の現状や未来について理解する」内容です。

　この内容を実現するためには，児童がやりたくなるような活動が必要となります。そこで，「現在の自給率のままで，国産のたこ焼きを作ったらどんなたこ焼きになるんだろう？」と思いつきました。

　たこ焼きの材料の自給率を基に，わが国の食料生産を考えるという活動から内容に至る道筋が生まれたのです。

（2）流れ

　活動と内容を考えたら，全体の「流れ」が必要です。流れは，"起承転結"で考えるといいでしょう。

　"起"で教材に出会って，問いをもたせ，活動への意欲を高めます。

　"承"で個人やグループで問いを解決していきます。

　"転"で問いを解決するための資料や栄養教諭の話を聞いて協同的に解決します。

　"結"で学習したことを整理したり，生

活での目標にまとめたりします。

　児童・生徒の意識を大切にしながらこの流れに入れていくことで，授業の骨組みは出来上がります。

　例えば，現状の自給率で作ったたこ焼きの説明として，ネギだけが入っている水っぽい「たこ焼き図」を作るとします。しかし，いくらこの図が面白いといっても，いきなり見せたのでは効果は小さくなります。中心となる活動につなぐための布石が必要となってきます。

　そこで，
①大阪らしい食べ物を出し合う
②たこ焼きの食材を考える
③小麦粉の自給率を知る
④他の食材の自給率を考え，グラフで確認する
⑤「たこ焼き図」でまとめる
という基本の流れをつくるようにします。

（3）予想

　児童・生徒の意識を大切にしながら流れに入れていく，と書きましたが，**授業をつくるには，この教材を提示したらこんな発言をするだろう，こんな活動をしたくなるだろうという，学習者に対する"読み"が大切**になってきます。

　読みの力は，経験に左右されますが，何よりも授業での児童・生徒の反応を自覚的に振り返り，反省する姿勢が大切です。学習指導案（以下，指導案）は児童・生徒の出方を予想して，決め出していくものです。授業をつくる力がついてくると，児童・生徒の出方に対する予想が当たってくるのです。この**学習者の出方を予想し表現したのが指導案**なのです。つまり，指導案が書けるかどうかは授業者の力量にかかってくるといえるのです。

2 指導案とは

（1）指導案の役割

　指導案は，授業を構想する際の「設計図」であり，授業を行う際には「進行表」となり，実施後には，授業や学習指導の「記録」，次への「構想」の準備となるものです。

　また，指導案には，単元目標や，指導上の留意点，評価の観点など，学習指導を進める上で考えるべき重要な内容が含まれています。授業に活動は必要ですが，活動あって学びなし，とならないために指導案を基に，本時の目標は何であるかを自覚することができます。授業や研究に役立つ機能的な指導案を作成することは，充実した授業に直結することであり，児童・生徒に質の高い学力を身につけさせる上で，とても重要であるといえます。従って，「指導案を書く力と授業を実践する力は比例する」という指摘も当たっているといえます。

（2）必要性を考える

　指導案は授業プランを書面化したものであるのですが，授業は通常，指導案なしで行われています。つまり，ことさらに書面化しなくても，多くの教員はそれまでの経験や教材研究によって，授業プランをイメージしながら授業を行うことができるのです。

　しかし，いざ書面化しようとすると，授業イメージを的確に指導案として形にすることは容易ではありません。この場合，授業プランのイメージが抽象的で具体化されておらず，その時その時の流れに任せた，いわば直感的な授業を行っていることが原因である場合が多いようです。そこではじめて，指導案を書くことが必要となり，そ

れによって授業が具体化し，より内実の伴ったものとなっていくのです。

3 指導案を書くに当たって

（1）様式に流し込む

指導案には，オリジナリティーを求めるよりも，**決められた流れを実現することができるようになることが大切**です。

従って，学習指導要領（文部科学省），指導案事例集（各教育委員会），指導書（教科書の出版社），その他インターネットに掲載されている指導案を基にすれば十分です。ただし，"児童・生徒の実態"は大切です。実態を十分に読み取り加味して，変更するようにします。

ここで，指導案を2つ示します（資料1・2）。指導案の展開例等については，本文も参考にしてください。指導案には絶対的な形式があるわけではなく，各都道府県・政令指定都市によって異なります。この点が逆に指導案を書きにくくしている要因なのですが，同時にその時代の流行にも左右されます。その良い例が，本時の展開の中に書く「指導上の留意点」です。指導上の留意点が，一時期「支援」と置き換えられていたこともありました。現在では，指導上の留意点とされています。

（2）単元名

基本的には，単元名でいいのですが，家庭科では「題材名」，道徳では「主題名」となります。この場合も，「調和の良い食事」のように，使用している教科書の単元名でいいですし，学習指導要領や指導案事例集に合わせてもいいでしょう。単元名は，育てたい力がわかり，児童・生徒の興味・関心を高めるものにします。活動が見えるような表現を工夫することも必要です。

（3）目標

この題材・単元で達成したい児童・生徒の姿を記述します。「指導と評価の計画」に書かれている評価計画と，本時の目標を一致させることが必要です。

資料1　第2学年・学級活動学習指導案（兵庫県姫路市立上菅小学校）

第2学年1組　学級活動学習指導案

　　　　　　　　　　　　　　　　　　　　　　　　　T1　指導者　　　　　
　　　　　　　　　　　　　　　　　　　　　　　　　T2　栄養教諭　　　　

1．題材　　　　みんなが気持ちよく食べる工夫をしよう［学級活動　内容（2）］

2．食育の視点　②生活能力を高める
　○　みんなで楽しく食べるためには、マナーよく食べることが大切であることに気づき、食事のマナーを心がけて食べようとする意欲をもつ。

3．趣　旨
　○　本学級の児童は、給食の時間を楽しみにしている。マナーについては、給食の食べる量を少しずつ増やしていくことを優先し、食事中における会話や姿勢、片付けの仕方等、場面に応じて個々に指導してきた。しかし、口に食べ物を入れたまま話したり、大きな声で話したりしてはいけないことを頭ではわかっていても、なかなか身につくところまでには至っていない。また、人数が少ないからこそ慣れあいになり、周

りに迷惑をかけているという意識をもっていない児童もいる。そして、家族との交流の中で食事のマナーにはどのようなものがあり、それにはどんな意味があるのかを教えられることが少なくなっている傾向がある。そのような中で、自分の行動が相手にどのような影響を与えているのか相手意識がまだまだ低い様子が見られる。

○　本題材は、自分たちの給食の時間の様子を振り返ることで、給食の時間中の姿勢、声の大きさや話題に課題があることに気づき、食事の正しいマナーを身につけることをねらいとしている。学校生活に慣れてきたこの時期に、みんなが気持ちよく食べるための食事の基本的なマナーをもう一度振り返って学習することは、相手を思いやる行動へとつながり、望ましい学級集団にとって必要であると考える。そして、この活動が今後の正しい食習慣を育てることにつながり、大人になってからも応用がきくと考え、本題材を設定した。

○　指導に当たっては、マナー違反をしている食事の様子を絵で見て、よくないところを発表させる。その際、自分たちの給食時間の過ごし方をアンケート結果にふれながら振り返らせる。次に、栄養教諭から専門的な話を聞き、食事の基本的なマナーについて学習する。また、一つ一つのマナーを取り上げて、それぞれのマナーの必要性を考えることでクラス全体でマナーへの意識を高め、解決していこうとする意欲をもたせたい。食事のマナーが身についていないと、自分の体のためにならなかったり、他の人に迷惑をかけたりして、自分が恥ずかしい思いをすることも知らせたい。そして、特に正しい姿勢と食器の持ち方を取り上げ、実際にやってみて、正しい姿勢で食事をすることを再確認させる。最後に、これらの活動を通し、自分の改善すべき点について見直して約束を決め、今後の実践への意欲を高めたい。そして、日々の給食の時間に振り返って、繰り返し指導を行うことで習慣化を図っていきたい。

4. 単元目標
  ○　指導内容　　　　　望ましい食習慣の形成（内容キ）
5. 評価規準

関心・意欲・態度	思考・判断・実践	知識・理解
マナーを守って食べようとする意欲をもつ。	みんなが気持ちよく食べるためのマナーについて考え、実践しようとする。	みんなで気持ちよく食べるためのマナーの大切さを理解する。

6. 指導時間　　　1時間
7. 本時の学習
  （1）目標
  ○　給食の時間の過ごし方を振り返り、食事のマナーの大切さを理解し、実践しようとする。
  （2）展開

	学習活動	○指導・支援の留意点　●評価	準備物等
導入	1　提示資料を見て気がついたことを発表する。 　・食器を持っていない 　・姿勢が悪い 2　自分たちの給食の時間の過ごし方を振り返る。	Ｔ１○自分の給食時間の過ごし方と比べながら写真や絵を見て、振り返らせる。 ○以前、アンケートをとったことを思い出させ、クラスの中でもできていないことを知らせる。	・提示資料
	3　学習課題を確認する。 　　　　みんなが気持ちよく食べる工夫をしよう 4　食事中のマナーについて考える。 　・どうしたらよいか 　　・姿勢を正して食べる	Ｔ１○みんなが気持ちよく食べるための約束が食事における「マナー」であるということを確認する。	

展開	・食器を持って食べる ・マナーを守るとよいこと 　・見た目がきれい 　・食べこぼしが少ない ・栄養教諭の話を聞く 　・姿勢を正す 　・食器を持つ 　・よくかむ 　・ふさわしい会話をする 5　良い姿勢で食器を持って食べる動作を行う。 　・背筋を伸ばしたらいいんだな 　・食器を持つんだな	○マナーを学習するだけでなく、どうしたら気持ちよく食べることができるかも考えるように促す。 T2○姿勢よく食べることで、食べ物の消化がよくなることにも関係することを確認させる。 ○食器を持って食べることで、食べこぼしを防ぐなどの利点を伝える。 ○よくかむことも、消化をよくすることができることを知らせる。 ●正しい姿勢での食べ方を理解し、今後の生活に活かそうとする意欲をもつことができる。 ○拡大資料を見せながら、ポイントを意識しながら実践できるようにする。 ○練習する際、正しい姿勢ができたことを認め、今後に意欲をもたせる。	・食器 ・提示資料
終末	6　本時の学習で学んだことをワークシートにまとめ、これからのめあてをもつ。 　・これからは気をつけよう 　・姿勢を正して食べよう 　・1年生や家族に教えてあげる ・どうやって教えてあげるか 　・給食の時間に一緒にやってみる 　・集会で紙芝居にして伝える	T1○食事のマナーでわかったことやめあてをワークシートに書かせ、生活の中で実践しようとする意欲につなげる。 ○書くことが思い浮かびにくい児童にはヒントを与える。 ○1年生に教えてあげようと考えさせることで意欲をもたせる。 ●自分の課題に気づき、めあてを考えることができる。	・ワークシート

> 「趣旨」には、児童観、教材観、指導観が明確に意識して記述されています。また「本時の展開」では、T2の栄養教諭の位置付けがよくわかります。最後の、1年生や家族に教えることを意識させることで、指導の効果を上げる手立ても大変優れています。

資料2　第5学年・国語科学習指導案（兵庫県洲本市立洲本第三小学校）

第5学年　国語科学習指導案

5年2組36名（男子21名，女子15名）
指導者　　　　　　　　

1　単元名　すいせんします

2　指導にあたって
　本学級の児童は、素直な子どもが多く意欲的に学級やグループの話し合い活動に参加できる。夏休みの活動報告書を書いて発表し合ったり、グループ討論をしたりしてお互いの考えを聞いたり意見を出し合ったりする学習にも積極的に取り組んでいる。1学期には地域の特産物やそれを使った「夏の料理」を調べ、「地産地消」や「旬」のおすすめ料理のレシピを紹介した。2学期に入り、「秋の料理」を調べて紹介し合った。また、旬の食材を使った「たこ飯」作りなども体験した。地域の特産物を意外と知らなかったり、生のたこを触ったり野菜を切るのが初めてだったりという児童が少なくないことがわかったが、これらの活動を通して、特産物や「旬の料理」を身近に感じる体験ができた。

特別付録

　本単元の学習では、目的や条件をはっきりとさせ、伝えるために収集した知識や情報を関連付けて話を構成し、推薦理由を明確にして伝える力を培い、聞く側は話の中に納得できる理由が入っているか吟味し評価する力を育てることができると考えられる。総合的な学習の時間で「地産地消」「旬」をキーワードに地域の特産物やそれを使った料理を調べてきているので、テーマは、他の地域の人にぜひ知ってもらいたい『淡路のおすすめ料理』とし、推薦することにする。

　指導に当たっては、表現や構成を考えたり、友達の意見を自分の考えと比べながら聞いたりして、推薦する物のよさを伝えるための工夫をさせたい。また、総合的な学習の時間の調べ学習や体験の中で、特産物・料理を作っている人や地元の人に聞き取ったり、インターネットや地元の情報誌、新聞等も活用して調べたりして多くの資料を収集させたい。そして、それらの資料を生かして推薦する内容を具体的にし、推薦の根拠を明確にし、説得力のあるスピーチにしていきたいと考える。地域の特産物やそれを使った料理を自信を持って人に勧めるためには、さらに、実際に作って味わう等の体験をして感じた自分の思いをスピーチに込めて交流させたい。そして、地域の特産物やそれを使った料理には関わっている人の願いが込められていることに気づき、感謝や誇りの気持ちにつなげていければと願っている。

3　単元の目標
　○収集した知識や情報を関連付けて目的や意図に応じた話の構成を工夫しながら、場に応じた適切な言葉遣いで話すことができる。
　○話し手の意図をとらえながら聞き、自分の意見と比べるなどして考えをまとめることができる。
〈食の視点〉
　・地域の特産物やそれを使った料理に関心をもち、そのよさを伝えようとすることができる。
　　　　　　　　　　　　　　　　　　　　　　　　　　　　　　　　　　【生産〜消費】
　・自分が調べた特産物や料理だけでなく、ほかにもたくさんの工夫やよさ、込められた願いがあることを知ることで感謝の心をもつことができる。　　　　　　　　　　【自然／環境、食文化】

4　単元の評価

関心・意欲・態度	書く	話す・聞く	言語
特産物(料理)を推薦するための事柄に気づき、話したり聞いたりしながら確かめようとしている。	推薦する際の内容と話し方を具体的に理解し、対象となる特産物(料理)のよさを考えている。	推薦するための表現を工夫して話したり、自分の意見と比べながら聞いたりしている。	事実と感想や考えを表す語句の違いに気をつけて、適切に話したり聞いたりしている。

5　単元の指導計画（全6時間）
　第一次　　推薦する活動を知り学習課題をつかむ（1時間）
　　　　　　推薦する料理を決める（1時間）
　第二次　　話す内容と話し方の工夫を考える（2時間）
　第三次　　グループの友達とお互いに料理を推薦し合う（2時間）（本時1／2）

6　本時の学習
　（1）　本時の目標
　　　○「地産地消」「旬」などを意識して「おすすめ料理」を推薦するための表現を工夫する。
　　　○話し手の意図をとらえながら聞き、自分の意見と比べるなどして聞くことができる。
　（2）　本時の展開　（1／2）時間

学習活動と内容	指導上の留意点（教師の支援）☆評価	準備物
1．学習のめあてをつかむ。 『淡路のおすすめ料理』をすいせんしあおう	・『淡路のおすすめ料理』のすいせん文を書くために、「おすすめのポイント（地産地消・旬・伝統・特産物・工夫）」「おすすめしたい相手」を意識して、スピーチをすることを確認する。	

2．ジャンル別にグループになり、推薦スピーチを聞き合う。	・話し合いでは友達と自分の、また、友達と友達のスピーチを比べて意見を深めたり、広げたりさせる。 ・お互いのスピーチをおすすめポイントをチェックしながら聞き合い、構成や表現の仕方について話し合わせる。	ワークシート
3．グループで一番いいと思うスピーチを選ぶ。	・グループの代表を、構成や表現方法が工夫されていることを基準に選ぶようにする。 ☆自分と友達のスピーチの共通点や相違点を比べることができたか。	
4．グループ代表のスピーチを聞き合う。 ・発表する人…各ブースでポスターセッションをする。 ・聞く人…ブースを回り発表を聞く。 5．本時のまとめをする。	・それぞれのスピーチのよいところ・工夫しているところやもっとよくなるための意見などをメモしながら聞くようアドバイスする。 ☆積極的に友達と交流し、評価しようとしたか。 ・推薦スピーチを集めて『淡路のおすすめ料理集』にまとめることを知らせる。	掲示用パネル 付箋

7　評価
　○「地産地消」「旬」などを意識しておすすめ料理を推薦するための表現を工夫することができたか。
　○話し手の意図をとらえながら聞き、自分の意見と比べるなどして聞くことができたか。
〈食育の評価〉
　・地域の特産物やそれを使った料理に関心をもち、そのよさを伝えようとすることができたか。
　・自分や友達が調べた料理の工夫やよさ、込められた願いを知り感謝の心をもつことができたか。

> 活動を通し、表現を磨くことによって対象への理解を深めることが結果として食育の内容を達成する、これが国語における食育の一つの在り方です。この指導案では、推薦し合う活動が、地域の特産物や料理への理解へと結び付いていくことがわかります。

（4）単元について（単元設定の理由）

　この題材・単元のねらいに関連する児童・生徒の実態を記述します。児童・生徒の実態はこうだ、だからこの教材で、そしてこう指導する、という流れが必要です。
　児童観（生徒観）、教材観、指導観の3点について、指導者としての基本的な見解や考え、指導方針等を具体的に記述するようにします。

①児童観（生徒観）

　児童観（生徒観）は、児童・生徒の認識や学習経験の実情について、指導内容に関する興味・関心、定着状況、学習の雰囲気、学習活動の経験や志向等、児童・生徒の実態を明確に記述します。
　このときに、一般的なことを書くのではなく、単元に対する児童・生徒の認識や学習経験などを記述します。「本学級の児童・生徒は素直で明るく…」のような、一般的な学級紹介を書く必要はありません。

②教材観

　児童・生徒の実態を、目指す児童・生徒の姿にするために有効と考えられる教材・教具やその工夫を記述します。
　単元の意義やねらい、教材に対する考え方について、学習指導要領（解説）・教科書・参考文献等をよりどころとして、指導のねらい・指導の内容・取り上げた教材の意義・

指導内容の系統性等を明確に記述します。

単元内容と学習指導要領の指導事項との関連，この学習の必要性と今日的意義，教材に対する指導者の考え方が入ることが望ましいです。

③指導観

児童・生徒の実態を，目指す児童・生徒の姿にするために有効と考えられる指導形態や指導方法の工夫を記述します。指導の重点，指導上の留意点や工夫などを明確にします。この部分は主に，教師に視点を当てた授業評価につながります。

④単元の指導と評価規準

学習活動については，単元全体を通して学習がどのように展開するのか，また各時間の学習が全体のどのような位置付けになるのかがわかるように，各時間で扱う学習内容を簡潔に書きます。

評価については，各時間の学習活動において重点を置く評価の観点・規準・方法を書くようにします。評価規準は，その単元・題材の目標を達成するために，各時間にどのような力がつけば，その時間の目標が達成できたと考えるのかを示したものです。児童・生徒の姿を示す評価規準は，「…に関心をもっている」「…を理解している」という文末表現になることに注意します。

⑤本時

1）目標

1単位時間の授業で，児童・生徒がどのような知識・技能等を習得するのか，どのような能力を身につけるのか等，主としてねらう内容を，評価規準と関連付けて具体的に書きます。

2）本時の展開

授業の流れ，児童・生徒や教師の動きがわかるように記述します。特にＴＴの場合は，各教師の役割や児童・生徒への関わり方を記述するようにします。

3）指導上の留意点

児童・生徒の立場から考えて，考慮すべき事柄，資料の扱い等について具体的な手立てを記述します。

学習活動に対応させ，指導のポイントや主体的な学習活動を促進させるための配慮（例：机間指導，個に応じた指導，発表を促す指導）について記述します。

「プリントを配る」などの記述ではなく，本時のねらいを達成するために配慮する点を具体的に示します。児童・生徒の活動の裏返しをそのまま教員の活動として記述していることがありますが，このような表記は，授業の流れが見にくくなるばかりでなく，児童・生徒の活動に対して教師がどのような視点をもって関わるのかが示されておらず，指導が見えなくなってしまいます。

本時の展開を記述する場合は，まず児童・生徒の動きを具体的にイメージして時系列に記述し，それぞれの活動について教師がどのように必然性をもって指導，あるいは支援して関わっていくのかを，明確な記述にすることが重要となります。

4）評価

児童・生徒の具体的な姿に基づく評価になるようにします。評価の視点や具体的な課題達成の状況を明記することで，効果的な授業観察および研究協議が可能となります。できるだけ具体的な評価活動を記述し，指導と評価の一体化した，目標に準拠した評価ができるように配慮します。

指導案の形式は，これまでの実践をなぞることから始めましょう。たくさんの指導案をなぞり，それを実践するうちに，児童・生徒の姿が見え，授業に生かせるようになっていきます。これを繰り返すうちに指導力が自然に現れてくるでしょう。

編著者プロフィール
藤本勇二
（ふじもと・ゆうじ）

武庫川女子大学短期大学部幼児教育学科　准教授。徳島県内小学校教員を経て現職。文部科学省小学生用食育教材「たのしい食事つながる食育」作成委員。主な著書：『子どものくらしを支える教師と子どもの関係づくり』（ぎょうせい）、『ワークショップでつくる 食の授業アイデア集』（小社刊）。

装丁／周 玉慧
イラスト／角 愼作・中山貴美子
編集／全国学校給食協会

実践校・執筆者一覧（※執筆者は実践当時在籍）
高知県吾川郡いの町立川内小学校　汲田喜代子
新潟県上越市立高志小学校　舘岡真一
兵庫県芦屋市立精道小学校　奥 瑞恵
兵庫県淡路市立育波小学校　日外千景
兵庫県淡路市立一宮中学校　篠田このみ，野澤弘志
兵庫県小野市立河合中学校　井岡徳子
兵庫県加古川市立東神吉小学校　植田 朱，田中康彦，岡 聡子，大西恵美，辻 美香
兵庫県宍粟市立道谷小学校　柴原由衣子
兵庫県篠山市立城東小学校　高見成幸，押部匡子，雪岡誠太，木下明人，藤本奈穂
兵庫県洲本市立洲本第一小学校　宇賀田浩司
兵庫県西脇市立重春小学校　竹本晋也
兵庫県南あわじ市立榎列小学校　木場直子
広島県広島市立矢野西小学校　松崎智子，葛原侑哉，諸泉しおり，永町綾子
福岡教育大学附属福岡小学校　山田深雪

参考文献
城東食育ハンドブック『食育の扉』　篠山市立城東小学校
食育ハンドブック　兵庫県教育委員会事務局体育保健課食育係
いのちをいただく　内田美智子・著　西日本新聞社
やってきたオハシマン　箸匠せいわ・作，いわたくみこ・絵　コンセル
朝ごはん指導実践事例集　金田雅代・監修　少年写真新聞社
見直してみよう間食　太田百合子・著　少年写真新聞社
育てようかむ力　柳沢幸江・著　少年写真新聞社
たのしいほけん3・4年　大日本図書
新しい家庭5・6　東京書籍
新しい保健5・6　東京書籍
そのまんまお弁当料理カード　足立己幸，針谷順子・監修　群羊社

入門・食育実践集

2015年10月25日初版発行
2021年 4月10日第二版発行

編著者　藤本勇二
発行者　細井壯一
発行所　全国学校給食協会
　　　　〒102-0074　東京都千代田区九段南2-5-10 九段鶴屋ビル1F
　　　　https://www.school-lunch.co.jp
　　　　Tel.03-3262-0814　Fax.03-3262-0717
印刷所　株式会社 技秀堂

ISBN978-4-88132-064-8 C1037
落丁本・乱丁本はお取り替えします。
©Yuji Fujimoto 2015 Printed in Japan

JCOPY〈出版者著作権管理機構　委託出版物〉
本書の無断複製は著作権法上での例外を除き禁じられています。複製される場合は、そのつど事前に、出版者著作権管理機構（TEL03-5244-5088,FAX03-5244-5089、E-mail:info@jcopy.or.jp）の許諾を得てください。但し、本書をお買い上げいただいた個人、もしくは法人が、営利目的以外の配布物等にお使いいただく場合は連絡不要です。